Hermann M. Schulz

Pädagogendämmerung oder die sieben Irrtümer in der Pädagogik

Autor: Hermann M. Schulz, Jahrg. 1964, Diplom-Pädagoge (Univ.) und Mediator (FH) arbeitet als Dozent an einer berufsbildenden Schule sozialpädagogischer Ausrichtung in Lübeck. Er unterrichtet an der Fachschule für Sozialpädagogik und am berufsbildenden Gymnasium die Unterrichtsfächer Erziehungswissenschaften, Pädagogik, Psychologie, Sozialpädagogik, Recht und Verwaltung, Wirtschaftspolitik und Evangelische Religion.

Hermann M. Schulz

Pädagogendämmerung
oder die
sieben Irrtümer in der Pädagogik

Bibliografische Information der Deutschen Nationalbibliothek:
Die Deutsche Nationalbibliothek verzeichnet diese Publikation in der Deutschen Nationalbibliografie; detaillierte bibliografische Daten sind im Internet über http://dnb.d-nb.de abrufbar.

Autor: Hermann M. Schulz
Umschlaggestaltung: Hermann M. Schulz

Verlag: tredition GmbH, Hamburg
ISBN: 978-3-8495-7732-2
Printed in Germany

Inhaltsübersicht

Abbildungen

Vorbemerkungen zum Buch

In der Diskussion um die „richtige" Bildung hat man sich hierzulande schon längst vom einstigen humanistisch geprägten Bildungsbürger zu einem partei- und verbandspolitisch ausgerichteten Gesinnungsbürger verabschiedet.

Zudem wird mit fragwürdiger Systematik, anstatt die bestehende Schulstruktur effektiv zu nutzen, schon seit Jahren mit unterschiedlich neu konzipierten Schultypen mehr oder weniger erfolglos experimentiert. Hierzu muss man noch nicht einmal die Reformschule der nicht mehr jedem bekannten Sängerin Nena hervorheben, die mit ihrem Kuschelecken- und Freiwilligkeitsprinzip kläglich gescheitert ist.

Mit dem handlungsleitenden Idealbild einer Schule für alle, werden sämtliche erfolgsversprechenden Bemühungen, das differenzierte Schulwesen in Deutschland in Sinne differenzierter Förderung zu optimieren, mit politischen Platituden disqualifiziert und zerredet.

Sogar Kinderkrippen und Kindergärten werden unter das recht oberflächlich und populistisch durchdachte Leitmotto „Bildung von Anfang an" gestellt. Diese Mentalität wird zudem noch durch etliche Publikationen zum Thema gestützt und vorangetrieben.

Heutzutage bekommt man ein pädagogisches Konzept nach dem anderen auf den Markt geworfen. Waren es insbesondere in der Schule Gruppen-

9

arbeit, handlungsorientierte und offene Konzepte, so fokussiert man gegenwärtig mit patentierter Sicherheit auf das konstruktivistisch verzierte projektorientierte Arbeiten, das als Garant zur Verwirklichung der bundesweit installierten Bildungsleitlinien in keiner Konzeption fehlen darf. Verschiedene pädagogische und methodische Arbeitsansätze in der sozialpädagogischen Arbeit werden von Erziehern und Pädagogen schon fast fetischistisch verschlungen, nur um als modern und zeitgemäß zu gelten.

Politiker, die sich selbst beweihräuchernd in der Bildungspolitik vermeintlich für kompetent halten, verkünden fulminant mit voller Überzeugung die als **modern und statistisch gesichert** geltenden pädagogischen Rezepte, welche unverzüglich angewendet, sämtliche Erziehungs- und Bildungsprobleme lösen können – selbstverständlich binnendifferenziert und inklusiv. Der pädagogische und politische Optimismus hierzu ist allgegenwärtig.
Die „hilfesuchenden" Pädagogen und pädagogischen Fachkräfte in den Erziehungs- und Bildungseinrichtungen greifen unvermittelt nach den die Erfüllung und Erfolg suggerierenden Konzepten.

Doch kommt es bekanntlich manchmal anders, als man denkt.

Schüler, die trotz umfangreicher pädagogischer Bemühungen doch nicht lernen wollen, stechen dessen ungeachtet aus der Masse heraus.

Die pädagogischen und politischen Patentrezepte sind dann wohl offensichtlich doch nicht so angekommen, wie erhofft. Von den stets wachsenden Verhaltensauffälligkeiten, den Erziehungsschwierigkeiten und der als stetig steigend empfundenen Jugendkriminalität einmal ganz abgesehen. Die „Null-Bock-Haltung" soll mit „spielerischem Lernen" abgefedert, die Verhaltensprobleme und das elterliche Unvermögen an andere Erziehungsinstitutionen abgegeben werden. Mit platten Sprüchen wie „die Gesellschaft ist an allem schuld" ('68er-Generation lässt grüßen) und „die Erziehung ist Aufgabe der Eltern" manövriert man sich geschickt aus der pädagogischen Situation.

Die federführende Leitmaxime heißt kurz und knapp: Eloquenz statt Kompetenz. Gemäß der sozialpädagogischen Devise: Lasst uns erst einmal darüber reden! Und dabei wäre es mehr als notwendig, auf die offenkundig und erkennbar ausgeprägten Probleme zu reagieren.

Doch wie sieht die Reaktion aus?

Der Mensch wird sich selbst überlassen. Schließlich trägt der heranwachsende Mensch alles für eine gelungene Entwicklung seiner Person in sich selbst. Der Pädagoge braucht diese genetisch mitgegebenen und umfassend vorhandenen Fähigkeiten und Fertigkeiten nur durch geeignete Umweltbedingungen **spielerisch** anzuregen.

Der Mensch als Akteur seiner selbst, der sich mit bereits mitgebrachten wünschenswerten und erforderlichen Kompetenzen zum mündigen und gebildeten Menschen weiterentwickeln kann, ist zudem ein interessanter Ansatz im Hinblick auf die Herausforderungen und das Menschenbild unserer Zeit.

Doch wird die Realität damit auch realistisch wahrgenommen? Bei näherem Hinsehen erübrigt sich eine Antwort.

Nicht nur das vergleichsweise schwache Abschneiden bei den vielbeschworenen, aber auch umstrittenen PISA-Tests, sondern darüber hinaus die permanenten Klagen der Ausbildungsbetriebe in Handwerk und Industrie, wonach der Großteil der Schulabgänger weder ausbildungsfähig noch ausbildungswillig sein soll, schreien förmlich nach „neuen" Erziehungs- und Schulkonzepten.

Womöglich auch deshalb, weil das stets quotiert eingeforderte Abitur als Indikator für einen studierfähigen Bildungsbürger nicht mehr die erforderliche Qualität aufweist. Ein Quotenabitur ist also auch nicht das Maß aller Dinge. Und natürlich sind in erster Linie die soziale Herkunft und das Schulsystem an allem schuld, dem man im Laufe der Jahre die Berechtigung der Auswahl und Zuweisung stillschweigend zugunsten ausschließlicher Qualifikationsbemühungen bildungspolitisch entzogen hat. Doch zwischen allen Konzepten steht der Mensch mit seinen Eigenarten und Eigenwilligkeiten.

Die Pädagogik hat schon seit jeher einen Spagat zwischen den mit Eigenwillen ausgestatteten zu erziehenden Menschen und den verschiedenartigen Einflüssen politischer und pädagogischer Provenienz leisten müssen. Eines konnte jedoch nicht aufgelöst werden:
Das pädagogische Verhältnis zwischen dem heranwachsenden Menschen und dem ihn zur Seite gestellten Erzieher. Dieses Verhältnis ist geprägt und bestimmt von dem jeweiligen Menschenbild des Pädagogen.

Allein diese Aussage stellt an sich schon eine Herausforderung permanenter Reflexion über das eigene Sein und Verhalten dar. Wenn es dann noch eine komplexe Erziehungssituation zu erfassen und zu bewältigen gibt, sind jedoch die Grenzen mancher pädagogischer Akteure und nicht zuletzt der heutigen Eltern schnell erreicht.
Deshalb ist es schlicht ein Irrtum, anzunehmen, dass pädagogische Konzepte, Institutionsformen und idealtypisch unterstellte und installierte pädagogische Menschenbilder die diagnostizierten Probleme und Herausforderungen unserer Zeit lösen können. Zumal, wenn häufig das hierfür zu formulierende Ziel in einer offenen und sich plural verstehenden Gesellschaft an sich überhaupt nicht mehr praktikabel und abschließend erreichbar ausformuliert werden kann. Schön, wenn es dem einen oder anderen Pädagogen hierzu vielleicht etwas „dämmert" - oder war da noch ein „Ja, aber..." zu hören?

Das Buch richtet sich demnach an all jene, die sich in unterschiedlichen Feldern der Bildungs- und Sozialarbeit ausbilden lassen bzw. darin tätig sind.

Insbesondere soll das Buch provozierende Impulse für eine kritische Auseinandersetzungen im Unterricht an Fachschulen, Berufs- und Fachakademien liefern.

Ferner eignet sich das Buch für Seminarveranstaltungen an Hochschulen, um einen diskursiven Gedankenaustausch zum Thema „Bildungspolitik" und „pädagogische Profession" führen zu können.

Aber auch der interessierte „pädagogische Laie" kann das Buch einfach als pädagogisches Lesebuch verwenden, da einschlägige und erforderliche Fachbegriffe kurz erklärt werden

Abschließend sei noch angemerkt: Die im Buch verwendete Bezeichnung „Erzieher" wird als Sammelbezeichnung für die im außerschulischen Bereich tätigen „staatlich anerkannten Erzieherinnen und Erzieher" und für die auf hochschulebene ausgebildeten „sozialpädagogischen Fachkräfte" verwendet. Die Bezeichnung „Pädagoge" steht vorwiegend für akademisch ausgebildete, in schulischen Bildungsbereichen tätige Lehrkräfte.

Sieben – eine magische Zahl?

„Der Titel kommt mir doch irgendwie bekannt vor", wird sich so mancher fragen, der eben mal kurz das Buch in die Hände genommen hat. Tatsächlich ist der Titel „Pädagogendämmerung" eine „leichte" Abwandlung der von Richard Wagner 1876 uraufgeführten Oper „Götterdämmerung", eine Inszenierung auf der Grundlage der Nibelungensage.

Man könnte hier auch sagen, die Mischung macht's. Anmutig beschriebene Mystik, gepaart mit heroischem Mut, für seine Werte und vor allem für die Liebe einzustehen, hat Menschen schon seit jeher gefesselt. Wie enttäuschend ist doch dann das Ende und das nüchterne Erwachen, wenn man sich danach in der nicht annähernd so gestrickten Realität wiederfindet. So manchem Pädagogen dämmert es im Laufe seiner Berufsjahre, dass sich die pädagogische Realität doch etwas anders präsentiert, als er sich nach dem Eintauchen in seine idealistische Vorstellung einer „besseren Welt" vorgestellt hat. Aber Irren ist ja bekanntlich menschlich. Ob es denn nun genau „sieben Irrtümer" sein müssen, darf jeder selbst entscheiden. Literaturgeschichtlich ist jedenfalls davon auszugehen, dass einiges für die „sieben Irrtümer" spricht.

Es war deshalb sicher nicht unbeabsichtigt, dass Aristoteles die mündliche Überlieferung von einem der „sieben Weisen" der griechischen Philosophie, Thales von Milet (ca. 625-545 v. Chr.) zu Papier brachte. Hatte er doch für das Jahr 585 eine Sonnenfinsternis vorausberechnet. Nicht nur seine Erkenntnisse um die rechte Anschauung wurden für John Locke (1632-1704) als Inspiration für seine Erkenntnistheorie verwendet. Mit der Entdeckung der „seven phenomena" stellte er fest, dass sich der Mensch aus einer größeren Anzahl kurz präsentierter Gegenstände sieben davon zu fast 100 % merken kann.
Zum Glück hatte John Locke den „Siebenjährigen Krieg" nicht mehr

mitbekommen müssen, welcher auch als Begriff in die Geschichte eingegangen ist.

Die Woche hat sieben Tage, welche auch durch den siebenarmigen
Leuchter, die Menora der Juden, symbolisiert wird.
In der christlichen Religion gibt es tatsächlich auch noch sieben Tugenden, angeführt von Glaube, Liebe, Hoffnung, gefolgt von Klugheit, Tapferkeit, Gerechtigkeit und Mäßigung. Der Nostradamus-Effekt mit seinen
prophetisch verklausulierten sieben Siegeln soll hier aber außen vor-
gelassen werden.
Aber auch das typische verflixte siebte Jahr, das manche Ehen und Part-
nerschaften zur Verzweiflung führt oder besonders fest zusammen-
schweißt, kann in einem Atemzug angefügt werden.
Apropos Verzweiflung: Wer hat sich noch nicht mit den sieben Perioden
des aus der Chemie bekannten Periodensystems auseinandergesetzt?
Registriert man dann noch die sieben verschiedenen Arten von Dreiecken
und die sieben Hauptebenen der taxonomischen Klassifikation in der
Biologie, wird man sich sinnierend in seinen Sessel zurückfallen lassen
und sieben Mal bewusst ein- und ausatmen.

Nicht zu vergessen die sieben Weltwunder der Antike, die auch heute
noch Menschen fesselnd, in den Bann ziehen können. Man weiß zwar
nicht mehr so genau, wie viele es denn nun tatsächlich gewesen sein

mögen, jedoch werden eindrücklich Schlussfolgerungen von dem einzig noch erhaltenen Weltwunder, der Cheops-Pyramide, zu den anderen überlieferten Weltwundern gezogen.

Sogar in manchen Asterix-Folgen wurden die Hängenden Gärten der Semiramis, die Zeus-Statue in Olympia, der Tempel der Artemis, das Grabmal des Mausolos, der Koloss von Rhodos oder der Leuchtturm von Alexandria erwähnt, sodass der interessierte Leser bzw. Zuschauer zumindest Kenntnis davon bekommen hat.

Wem das zu altertümlich ist, kann sich ja mit den sieben Weltwundern der Moderne beschäftigen und beispielweise zur Christus Statue nach Rio oder nach China zur Chinesischen Mauer fliegen.

Selbst bei Märchen spielt die Zahl Sieben eine nicht unbedeutende Rolle. So beispielsweise bei „Der Wolf und die sieben Geißlein", „Sieben auf einen Streich" oder auch das von bekannten Komikern aufgegriffene Märchen „Schneewittchen und die sieben Zwerge" (hinter den sieben Bergen wohlgemerkt)!

Und dann gibt es tatsächlich noch die sieben Todsünden, welche nicht nur ein Vokabular der Kirche darstellen: die sieben Todsünden des Managements, die sieben Todsünden der Kommunikation, die sieben Irrtümer (Todsünden) der Männer oder auch die sieben Todsünden der EU, welche es unter dem Maßstab parteipolitischer Betrachtung auszumerzen gilt!

Die Zahl Sieben hat es jedenfalls nicht wenigen Menschen irgendwie angetan.

So gesehen ist der Titel „Sieben Irrtümer in der Pädagogik" nicht ganz ohne Hintergedanken formuliert worden. Auch der Pädagogik kommt hin und wieder der Touch des Magischen zu, betrachtet man am Ende eines langen Erziehungsprozesses schließlich ein Ergebnis, welches sich zweifelsohne nicht immer mit einer Punktlandung an den ursprünglichen Erwartungen ausrichtet. Wenn sich dann noch parteipolitisch durchflutete Bildungspolitik hinzu mischt, dürfte der pädagogische Cocktail am Ende einer langen Prozedur nicht weniger überraschend schmecken.

Dem empfänglichen Leser dürfte jedenfalls nicht nur der hoffentlich informative und unterhaltsame Teil des Buches auffallen, sondern auch der Tenor, welcher zwischen den Zeilen zu finden sein wird. Vielleicht bietet es der einen oder anderen pädagogischen Auseinandersetzung ausreichend Stoff für einen diskursiven Gedankenaustausch.

> Nachdem wir das Ziel endgültig aus den Augen verloren hatten, verdoppelten wir unsere Anstrengungen. (Mark Twain)

Die sieben Irrtümer

Irrtum I: Der autonome Bauplan-Mensch

Wie war das noch? Differenzierung und Selektion gehören per bildungspolitischer Definition der Vergangenheit an? Obwohl die Schulen bisher stets den bildungspolitischen Auftrag hatten, die Schüler gemäß ihrer Gesamtleistung bestimmten Schultypen und entsprechenden Ausbildungsberufen zu empfehlen, ist schon seit Längerem der nicht ausgesprochene Auftrag die Schüler ausschließlich und unabhängig von ihren Fähigkeiten und Fertigkeiten zu qualifizieren. Die Frage nach der Eignung wird hierbei zunehmend in den Hintergrund gedrängt.

In pädagogischen Kreisen wird einerseits selbstbekräftigend mit dem pädagogischen Ansatz argumentiert, dass es den Kindern doch durchaus möglich wäre, auf relativ hohem genetisch mitgegebenem Niveau qualifizierte und qualifizierende Selbstbildungsprozesse zu verfolgen. Salopp gesprochen: Kinder können sich alleine bilden und erziehen, sie brauchen hierzu nur eine geeignete Lernumgebung. Eine aus der Sozialgenetik und mitunter auch Epigenetik nicht unbekannte Annahme.

Andererseits bekommt man von den pädagogischen „Machern", den sog. pädagogischen Optimisten, mit auf den Weg, dass man unabhängig von jeder genetischen Anlage durchaus in der Lage sei, professionell Bildungsprozesse in Gang setzen zu können. Aber können diese Ansätze tatsächlich das leisten, was sie versprechen? Die schlichte und kurze Antwort darauf lautet: „Nein, sie können es nicht"!

> **Pädagogischer Optimismus** = der Mensch ist durch Erziehung und Umwelteinflüsse beliebig formbar

> **Pädagogischer Pessimismus** = der Mensch bringt bereits sein individuelles *Entwicklungsprogramm* mit (z. B. durch seine genetische Veranlagung oder einen sog. „inneren Bauplan")

Was würden diese Annahmen übersetzt bedeuten? Oft werden Kinder entwicklungspsychologisch mit innerpsychischen Dispositionen ausgestattet, sprich Kinder besitzen so etwas wie einen „inneren Bauplan" ihrer eigenen Entwicklung und Bildung. Pädagogen haben lediglich die Aufgabe, diese sogenannten „Potentialitäten" (beobachtbare Interessen, Fähigkeiten und Fertigkeiten) wahrzunehmen und das Angebot und die Lernumgebung entsprechend zu gestalten. Eine Vertreterin dieser facettenreichen Ansätze war Maria Montessori, deren Charisma und Arbeitshilfen die von der damaligen italienischen Gesellschaft vernachlässigten Kinder und nicht zuletzt die Geschichte der Pädagogik bereicherte. Der heutzutage unreflektiert verwendete Begriff des Konstruktivismus ist an sich eine modifizierte Variation dieses Denkens.

Soweit, so gut! Doch spätestens, wenn Kinder diese implizierten Erwartungen nicht mehr erfüllen, stellt man verwundert die Frage, woran das wohl liegen könnte.

Die Anerkennung einer Tatsache, wonach es im Menschen zugleich noch so etwas wie ein Lustprinzip gibt, eben auch mal nicht Wünschenswertes „lernen" zu wollen, wird dann ebenso wie das eigene pädagogische Scheitern so mal schnell verdrängt. Noch etwas extremer hebt Eugen Sorg in seinem Buch „Die Lust am Bösen" die Natur  des Menschen hervor, indem er sogar von einer „Ego-Explosion" spricht, wenn Menschen ihre destruktive Lust einfach auf Kosten anderer ausleben. Dabei sind die unzähligen Berichterstattungen über Cybermobbing und diverse aggressive Verhaltensweisen von Kindern und Jugendlichen nur eine Facette dieser Destruktivität. Die bekannten Subkulturen in unserer Gesellschaft sind dabei ebenfalls außen vor gelassen. Aus der Lernpsychologie stammt der Begriff **„adaptiver Hedonismus"**. Der besagt, dass der Mensch **mit möglichst wenig Aufwand und Anstrengung das größtmögliche Vergnügen** und umfassende Lustbefriedigung anstrebt. Was für eine pädagogische Herausforderung!

Natürlich könnte man an dieser Stelle gleichermaßen mit typischen behavioristischen Methoden, also den sogenannten Lerntheorien, arbeiten. Aber auch diese Reiz-Reaktions-Theorien (SR-Theorien) werden keine abschließende Garantie für einen Lernerfolg geben können, denn wer will sich schon permanent von außen steuern und konditionieren lassen!

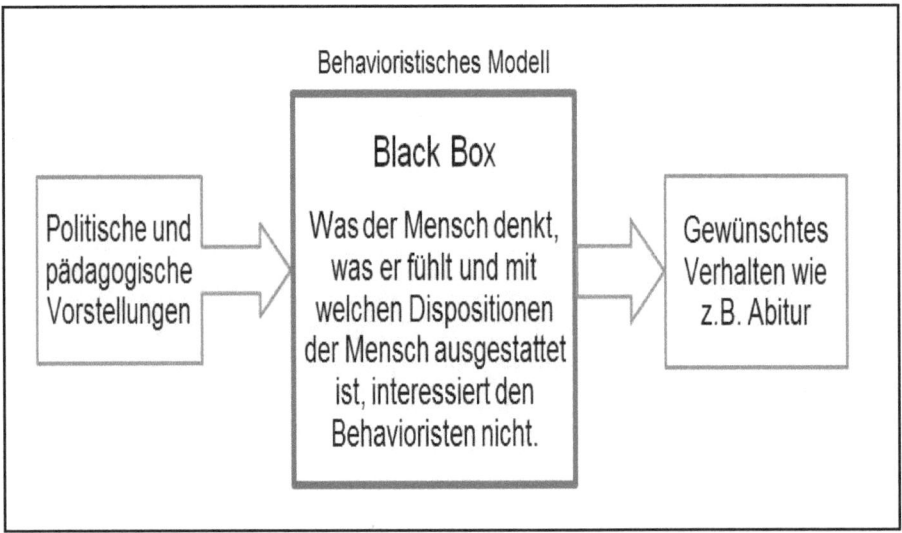

Abbildung 1 - Behavioristisches Modell

Programmierte Menschen, die einem dressierten Tier gleichen, repräsentieren ja im Übrigen nicht unbedingt das hinlänglich gewünschte Bild eines homo sapiens.

Darüber hinaus würde der berühmt berüchtigte Nürnberger Trichter in diesem Zusammenhang selbst neu erfunden, nicht funktionieren.

Aber genau diese Erfolgsgarantie wird häufig impliziert, wenn es darum geht, „revolutionäre" Schulkonzepte und Bildungspläne, wie zum Beispiel den mit Furore zur Kenntnis genommenen baden-württembergischen „Bildungsplan 2015", politisch umsetzen zu wollen. Durch „Studien- und Ausbildungsreformen" können scheinbar bessere Lehrer herangebildet und mittels geeignetem Medieneinsatz und „innovativen" Unterrichtskonzepten, also durch „moderne" Didaktik des Unterrichts, eine fast 100%-ige Garantie für den Erwerb eines Schulabschlusses versprochen werden.

Interessanterweise wird die Messlatte selbstverständlich stets an dem festgemacht, was die Kinder und Jugendlichen im Hinblick auf die vereinbarten gesellschaftlichen Erwartungen können sollten. Und die liegt ja bekannterweise noch recht hoch, sieht man von der politisch eingeforderten Maxime „Abitur für alle" (sog. Quotenabitur) einmal ab.
Würde diese Messlatte nämlich nicht so hoch liegen, dann könnte man

auch nicht in beklagenswerter Weise feststellen, dass jeder zweite Schulabgänger noch nicht ausbildungsreif ist und jeder dritte Abiturient als nicht
studierfähig eingestuft wird. Jeder fünfte Ausbildungsvertrag wird darüber
hinaus vorzeitig aufgelöst. Ganz zu schweigen von den im Bundesbil-
dungsbericht 2012 statistisch erfassten Schülern, die sogar ohne Haupt-
schulabschluss die Schule verlassen. Und das sind immerhin im Bundes-
durchschnitt erschreckende 6,5 %! Oder positiv ausgedrückt, haben
immerhin 93,5 % der von der Schule abgehenden Schüler einen Schulabschluss, was aber nicht unbedingt auf die favorisierten Selbstbildungs-
kräfte des Menschen zurückzuführen ist. Weitaus erschreckender ist bei
aller Diskussion darüber die Tatsache, dass man den meist ungelernten
arbeitssuchenden 25 - 35-jährigen bestenfalls ein Bildungsniveau auf dem
Level eines Grundschülers attestieren kann.

Und das außerordentlich Beeindruckende dieser pädagogisch-politischen
Rhetorik ist, **dass die Generationen eines pädagogisch noch sehr
rigide strukturierten Schulsystems mit entsprechend qualifizierten
Bildungsabschlüssen die Qualität der heutigen Absolventen der
Schulen und die Mängel des Schulsystems zu beurteilen wissen.**

1. Darf's ein bisschen weniger sein? – Die mp-3-Generation

„Brauche ich das 'im späteren Leben' wirklich?" – „Das ist doch völlig überflüssig!" – „Ich werde das sowieso nicht mehr brauchen!" – Derartige oder ähnliche Aussagen hört man gerade in Bildungseinrichtungen immer wieder. Das Bildungsverständnis wird hierbei auf eine Ebene reduziert, was sich mit „brauchbar" und „nicht brauchbar" bezeichnen lässt. Natürlich kann man die Meinung teilen, dass zum Beispiel eine Fachverkäuferin nicht unbedingt „Wirtschaftspolitik" oder theoretisches wie praktisches Wissen in „Kunst" benötigt. Fakt ist jedoch, dass auch eine Fachverkäuferin nicht bloß zur politischen Urteilsbildung in der Lage sein soll, sondern sich ebenso versiert und in gebildeter Manier mit künstlerischen Epochen zu befassen hat, um nicht lediglich auf Malle (Mallorca) bedeutsame Bauwerke, Kunstwerke und wirtschaftspolitische Einflüsse emphatisch verstehen und erkennen zu können.

Eine Gesellschaft wäre schlecht beraten, wenn nur unmittelbar beruflich verwertbare Bildung als sinnvoll und ökonomisch herausgestellt wird, was im Übrigen auch ein Kritikpunkt an den aktionistisch zelebrierten PISA-Tests ist. Zumal es ausgesprochen wünschenswert wäre, wenn auch die eben angesprochene Fachverkäuferin als mündige Wählerin eine Befähigung zu differenzierter Meinungsbildung erkennen lässt, dass die Wahl einer Partei bzw. eines Abgeordneten nicht nur auf der Grundlage „bester Entertainer", „rhetorisch versierter Klassenkämpfer" und „hervorragender Schönfärber" entschieden wird. Den allseits bekannten „Gefällt-mir-Button" kann schließlich jeder halbwegs verbildete Internetnutzer betätigen. Manche Parteien nutzen dieses Bildungsniveau und insbesondere diese Strategien der Meinungsbildung programmatisch aus, um sich im Licht mancher darauf basierenden Umfrageergebnisse zu sonnen. Um dieser Masche nicht aufzuliegen, sollte zumindest auch mehr als ein fachlich anspruchsvoller Zeitungsartikel gelesen und verstanden werden können. Schließlich setzt eine vernünftige Demokratie voraus, dass die in ihr lebenden Bürger über fundierten und differenzierten Sachverstand verfügen.

Im Übrigen ist diese Bildungsdiskussion nicht neu. Darüber wurde nicht erst in den 70er-Jahren im Zusammenhang mit der Umstrukturierung des Bildungswesens debattiert. Es gibt sie insbesondere in unseren Breitengraden schon seit der „sozialen Frage" und der etliche Jahre später geführten Diskussion um die Landvolkshochschulen.

> **Ist-Zustand** = aktuell vorhandenes Wissen, Entwicklungen und Verhaltensweisen in unserer Gesellschaft

An sich sollte jeder Mensch realisieren können, dass in einer plural aufgebauten und immer differenzierter und demzufolge komplizierter werdenden Welt einfach gehaltene Kausalschemata („man nehme und man bekomme") nicht brauchbar sind. Die Konsequenz: Immer mehr komplexeres Wissen ist notwendig, um allein rein kognitiv den Erfordernissen unserer Zivilisation Rechnung tragen zu können. Das ist etwas müßig, zugegeben! Wer diese Anstrengung jedoch auf sich nimmt, hat immerhin die Chance, auf einem gewissen Level an der gesellschaftlichen Weiterentwicklung teilhaben zu können.

Das, was wir heute unter zivilisierter Gesellschaft verstehen, musste sich im Laufe der Geschichte durch konsequente Weitergabe von Wissen, wirtschaftlichen, sozialen und technischen Entwicklungen und praktikablen Verhaltensweisen erst heranbilden. Man stelle sich nur vor, welche Gesellschaft wir heute vorfinden würden, wenn es diese Weitergabe an die nachfolgenden Generationen nicht gegeben hätte. Wahrscheinlich würden wir das Rad nochmals neu erfinden müssen.

Und genau das ist ein Faktum, das wir nicht vernachlässigen dürfen.

Die Komplexität und die Weiterentwicklung sozialer, wirtschaftlicher und technischer Errungenschaften müssen zunächst auf dem sogenannten Ist-Stand weitergegeben werden. Ansonsten ist der Begriff „Weiterentwicklung" ohnehin nicht umsetzbar.

> **Soll-Zustand** =
> Eine qualifizierte Erweiterung und fachlich fundierte Weiterentwicklung der technischen, wirtschaftlichen, sozialen und kulturellen Errungenschaften unserer Gesellschaft

Das heißt aber auch, dass die pädagogische Vermittlung von Kompetenzen sich diesem Ziel zu verpflichten hat. Manchmal erinnern unreflektierte Forderungen nach Vereinfachung und Reduzierung von Bildungsinhalten an eine pädagogische Kapitulation vor den gestellten Anforderungen.

Komplexes Wissen und intellektueller Tiefgang lassen sich eben nicht durchgängig mittels didaktischer Reduktion und Wegstreichen von Bildungsinhalten erreichen. Sprich, alles pädagogisch zu „vereinfachen" oder womöglich noch auf eine einfache Denkhaltung „gut und schlecht", „gesund und ungesund" runterzubiegen, verhilft in den seltensten Fällen zu einer fundierten und umfassenden Bildung.

Die Ergebnisse dieser Vereinfachungen bekommen wir täglich per Medien geliefert: flache und unqualifizierte Kommentare in Foren und Onlineausgaben einschlägiger Tageszeitungen und diversen Internetseiten. Selbst die persönlichen Begründungen für die Teilnahme an Demonstrationen gehen kaum über das besagte „Gut-Schlecht-Prinzip" hinaus. Das Buch „Generation Doof" von Stefan Bonner und Anne Weiss beispielsweise dokumentiert den intellektuellen Verfall der Bildung zwar etwas provokant, allerdings nicht ganz unpassend zur gegenwärtigen Bildungsdiskussion.

Schon allein aufgrund dieser Beschreibungen muss alles daran gesetzt werden, dem einzelnen Menschen eine fundierte und vor allem differenzierte Bildung zukommen zu lassen, was schließlich auch mit dem erreichten Bildungsabschluss dokumentiert werden soll.

Und kurioserweise ergibt sich aus dieser Verpflichtung, einen gewissen Bildungsgrad zu erreichen, auch festzuhalten, wer den gestellten Anforderungen des jeweiligen Bildungsganges und Bildungszieles gewachsen ist und wer nicht. Ganz automatisch werden hier der individuelle Leistungsstand und das Leistungsvermögen festgestellt.

Im Ergebnis soll eine differenzierte Vergabe von unterschiedlichen (Schul- und Berufs-)Abschlüssen deutlich machen können, wie gut bzw. noch nicht ausreichend jemand die im Hinblick auf das Ziel gesteckten Anforderungen bewältigt hat.

> **Allokation** = qualifizierte Empfehlung aufgrund eines individuellen Eignungsprofils zu bestimmten Tätigkeitsfeldern, insbesondere hierzu passenden Berufen
>
> **Selektion** = *Auswahl* und Zusammenstellung der für einen Bildungsgang und für berufliche Tätigkeiten geeigneten Bewerber

Hier werden insbesondere **Allokation** und **Selektion** umgesetzt.

Andererseits kann es einer Gesellschaft nicht ganz egal sein, ob jemand „Lust" oder „keine Lust" hat, sich für die Weitergabe und Weiterentwicklung des besagten Wissens und bereits getätigter Entwicklungen gewinnen zu lassen.

Um eine gesellschaftliche und zivilisatorische Regression zu vermeiden, müssen jegliche Anstrengungen unternommen werden, dieses Bewusst-sein zumindest latent anzulegen. Sprich, alle erforderlichen **„Qualifizie-rungsmaßnahmen"** müssen optimal umgesetzt werden, damit auch die Möglichkeit geschaffen wird, sich dem „Ist-Zustand" zu nähern! Aber auch das geht nicht ohne pädagogische Konsequenzen, die in der heuti-gen Zeit leider zunehmend an Bedeutung verlieren.

Insbesondere die Erwartungen der Gesellschaft und der Wirtschaft stellen immer wieder erneut heraus, dass einem entsprechenden Schul- bzw. Hochschulabsolventen die mit dem Abschluss dokumentierten Fähig-keiten normalerweise abverlangt werden können.
Außerdem haben doch alle den Anspruch, dass gefälligst dem jeweiligen Bildungsstand zugeschriebene Stärken, aber auch persönliche Schwä-chen und Defizite erkennbar sein sollen.

Verschiedene Fächer in Lernbereiche oder gar Lernfelder zusam-menzufassen, nur um eine Abschlussgarantie zu installieren, dürfte diesem Gesichtspunkt relativ wenig Rechnung tragen, ohne hier jedoch das vielfach eingeforderte fächerübergreifende Denken ver-nachlässigen zu müssen.

Nicht zuletzt aus Gründen der Selbstentfaltung, Selbstbestimmung und Mündigkeit ist ein gewisser Bildungslevel selbstverpflichtend, was Päda-

32

gogen dann mit dem Fachbegriff „Personalisation" betiteln.

Je höher nämlich der Bildungsgrad, desto größer die individuellen Möglichkeiten der schulischen und beruflichen Weiterentwicklung. Schließlich sollte jedem Schüler und jeder Schülerin die Möglichkeit gegeben werden, sich auf dem Arbeits- und Bildungssektor frei entscheiden zu können. Das ist wiederum nur möglich, sofern aus allen Bildungsbereichen Kenntnisse (Fähigkeiten und Fertigkeiten) vermittelt worden sind. Wenn nämlich beispielsweise nur die musischen Fähigkeiten qualifiziert ausgebildet worden sind, wären die Entscheidung und die Zugangsmöglichkeiten für ein naturwissenschaftliches oder mathematisches Studium unter Umständen erschwert, wenn nicht sogar grundsätzlich verbaut!

Selbstverständlich wird man heutzutage weder die Universalgelehrtheit des Gottfried Wilhelm Leibniz (1646-1716) noch die von Wilhelm von Humboldt (1767-1835) geforderte enzyklopädische Bildung umsetzen können. Andererseits darf dieser Umstand nicht von der Zielvorstellung ablenken, dass möglichst umfassend und differenziert für notwendig und erforderlich gehaltene Bildungsinhalte vermittelt werden sollen. Nicht nur für den Elementarbereich haben die Bundesländer deshalb Bildungsleitlinien herausgegeben, welche diese Forderung nach einer „zeitgemäßen" enzyklopädischen Bildung eindrücklich unterstreichen.

Zumindest bildungspolitisch gehören „Differenzierung" und „Auswahl" nach wie vor zum obligatorischen Standard. Ansonsten würde man die Noten gänzlich abschaffen und wenn überhaupt nur noch „mit Erfolg" oder „ohne Erfolg" bescheinigen.

Aber die Tatsache, dass gerade Differenzierung und Auswahl ein fester Bestandteil im Bildungswesen ist, bemerkt man spätestens dann, wenn Professoren z. B. die Prüfungsberechtigung abgesprochen wird, weil sie großzügig nur gute Noten verteilt haben.

Demzufolge sind die idealtypisch formulierten bildungspolitischen Vorgaben alles andere als durchdacht und verlässlich.

So konnte man, entweder kopfschüttelnd oder amüsierend, in diversen Zeitungen im Jahr 2007 folgendes lesen:

Für jeden Absolventen Prädikatsnote „sehr gut"

Nach Mitteilung des Wissenschaftsministeriums in Hannover haben zwei Soziologieprofessoren der Universität Osnabrück ihre Berechtigung verloren, weiterhin staatliche Lehramtsprüfungen abzunehmen. Grund für diesen Entzug der Prüfungsberechtigung waren durchgängig zu gute Prüfungsergebnisse ihrer Absolventen. Seit dem Sommersemester 2003 haben sie mehr als 100 Staatsprüfungen durchgängig mit der Prädikatsnote "sehr gut" bewertet.

Wirklich interessant. Wer hier glaubt, dass sich die Prädikatsnotengebung auf Grund dieses Vorfalls verringert hat, muss sich leider eines Besseren belehren lassen. Die Wirtschaftswoche belegt auch im Jahr 2013, dass der Trend zur Prädikatsnote an Hochschulen mit steigender Tendenz anhält.

Dessen ungeachtet ist es in der Berufswelt nicht unüblich, Eignung bzw. Nicht-Eignung, Fähigkeiten und Un-Fähigkeiten auf unmissverständliche Art und Weise zu kommunizieren. Und sei es nur durch die Rückgabe von Bewerbungsunterlagen mit einem freundlichen Standard-Begleitschreiben oder bei Beendigung des Arbeitsverhältnisses mit einem geschickt chiffrierten Arbeitszeugnis! Auch das ist, ob man es nun für wahr haben möchte oder nicht, Teil gesellschaftlicher Wirklichkeit.

2. Die Auserwählten in der „Titelmühle"!

Manche haben mit dem Begriff der Bestenauslese so ihre Schwierigkeiten. Impliziert er doch das, was man in der Erziehung des Menschen nicht so gerne praktizieren möchte: Auswahl, Zusammenstellung und Einteilung in Kategorien!
Zugegeben, das Selbstwertgefühl und das Selbstbewusstsein können möglicherweise darunter leiden.

Dabei ist das in der Freizeit- und Berufswelt nichts Außergewöhnliches. Fluglotsen beispielsweise müssen neben englischen Sprachkenntnissen auch räumliches, physikalisches und mathematisches Verständnis haben. Dieses wird vor der Ausbildung zum Fluglotsen ausgiebig überprüft. Sollte jemand den recht hoch gesteckten Anforderungen nicht genügen, wird er schlicht und ergreifend nicht genommen. Und die Auswahlquote ist nicht gering. Sie liegt bei 10:1000. Hier wird sich aber keiner beschweren, denn allen ist nachvollziehbar, dass das ein mit großer Verantwortung versehener Beruf ist. Schließlich werden ihm täglich mehr als tausend Menschenleben in Flugzeugen anvertraut, die er heil und sicher wieder auf den Boden zu bringen hat.
Im Sport verhält es sich ähnlich. Oder wer hat schon einmal einen „Currywurst-mit-Pommes-Olympioniken" eine Goldmedaille am Stufenbarren oder beim Hochsprung gewinnen sehen?

Selbst in den inzwischen ausufernden Casting-Shows der einschlägigen Privatsender gehört es zum abendlichen Unterhaltungsprogramm die „nominierten Superstars" per Telefon verlieren oder weiterkommen zu lassen. Und über die dabei recht subjektive Auswahl und das spontane „Karriereende" der Kandidaten regt sich interessanterweise kaum jemand auf.

Ein Schreibtisch-Veteran wird sicherlich auch keine großen Chancen haben, wenn er mal kurz für ein Jahr beim FC-Bayern als Stürmer den großen Ruhm und den schnellen Euro einsacken möchte. Wer im Profilager mitspielen möchte, der muss halt nicht nur ein hervorragendes und sicher auch hartes Trainingsprogramm absolviert haben, sondern auch über eine gehörige Portion Eigenmotivation, sprich intrinsische Motivation, verfügen, damit er sich überhaupt eine annähernd realistische Chance auf einen Platz in der Mannschaft ausrechnen kann. Doch selbst diese Vorbereitung ist noch keine abschließende Garantie, dass das auch klappt. Erstaunlicherweise hält man bei Schulbildungen und diversen Ausbildungsberufen den Ball etwas flach. Nach dem Motto: Der Mensch kann sich ja noch entwickeln. Das wird er sicherlich, aber deshalb von den Forderungen abzuweichen, die mit dem jeweiligen Bildungsgang gesetzt werden, ist manchmal gewöhnungsbedürftig.

Dass die Schulen bildungspolitisch zunehmend zu sogenannten „Titelmühlen" umfunktioniert werden sollen, die unabhängig von den geforderten

Leistungen nur einen Abschluss, nämlich das Abitur, zu vergeben haben, verursacht bei so manchem Zeitgenossen heftiges Bauchgrummeln.

In diesem Fall darf man sich dann aber nicht wundern, wenn gegenwärtig jeder zweite Schulabgänger als nicht ausbildungsreif eingestuft wird.

Jeder zehnte Abiturient verfügt nicht über die mit dem Abitur als selbstverständlich vorausgesetzten Schlüsselqualifikationen. Dabei ist die Quote der bei Abiturienten festgestellten Studierunfähigkeit großzügig und elegant noch außen vor gelassen.

Hätte man bereits in der Schule eine qualifizierte Rückmeldung gegeben, dann würden sich so manche Enttäuschungen vermeiden lassen. Zumindest wüssten alle Beteiligten, was der Absolvent kann bzw. nicht kann.

> **Schlüsselqualifikationen** umfassen in aller Regel folgende Kompetenzen:
> - Selbstkompetenz
> - Sozialkompetenz
> - Methodenkompetenz
> - Handlungskompetenz
> - Medienkompetenz
>
> **Sie ersetzen** allerdings **nicht das** hierzu noch erforderliche **Fachwissen!**

Das klingt natürlich im ersten Augenblick recht hart. **Aber: Wenn ich weiß, dass mit einem bestimmten Abschluss oder für einen bestimmten Beruf entsprechende Anforderungen gestellt werden, dann kann ich mich entweder darauf ein- oder es bleiben lassen.**

Und genau das möchte man eben bildungspolitisch offenkundig nicht realisieren. Mit den teilweise recht energisch formulierten politischen Forderungen eines für alle einheitlichen höheren Bildungsabschlusses (wie schon angemerkt in Fachkreisen „Titelmühle" genannt) müssen dann eben ganz einfach Einschnitte hingenommen werden. Die oben bereits skizzierten Quoten dokumentieren das eindrücklich.

Hinzu kommt die Diskussion um PISA. Forderungen wie „Gemeinschafts-schule", „Gesamtschule", „Ganztagsschule" suggerieren mit einer gewis-sen naiven Plausibilität, dass mit der Schulform und einer pädagogischen „Neu-Ausrichtung" mittels programmierter, an „Standards" orientierter pädagogischer Unterweisung alle Probleme in den Griff zu bekommen seien. Lernunlust, Lernunvermögen und familiäre wie soziale Defizite bei Schülern gehören mit einem Mal dank inklusiver und binnendifferenzierter Gemeinschaftsbeschulung der Vergangenheit an.

Diese sogenannten „neuen Instruktionen" werden meist mit einem unter-schwelligen Vorwurf an die Pädagogen verpackt weitergegeben, so, als ob die Lehrkräfte ihre Arbeit im Sinne pädagogisch verantwortbarer Arbeit bisher nicht wahrgenommen hätten.

Im Gegenteil: Durch Überfrachtung der Arbeit mit stetig zunehmenden Erziehungsaufgaben, die im Elternhaus nicht wahrgenommen worden sind, bis hin zu den sich ständig ändernden, teils als indifferent und experimentierfreudig empfundenen politischen Vorgaben wurde die Arbeit in der Schule derart verdichtet, dass eine am Schüler und am Fachstandard ausgerichtete Arbeit zunehmend erschwert wurde.

Es steht zugegeben aber auch außer Frage, dass es einer zunehmend komplexeren Gesellschaft im Informationszeitalter des 21. Jahrhunderts kaum weiterhelfen wird, wenn durch die Indifferenz bildungspolitischer Vorgaben latente oder dominant erkennbare Fähigkeiten und Fertigkeiten nicht erkannt und aufgrund mangelnder Förderung schlichtweg brachliegen gelassen werden. Eine sich weiterentwickelnde Gesellschaft kann und darf sich das an sich nicht erlauben.

Allerdings bleiben die Problemanalyse und die Problembewältigung gerade bei dieser Thematik bildungspolitisch äußerst anspruchsvolle Herausforderungen, die sich eben nicht einfach mit den Konzepten „Inklusion, Partizipation, Gemeinschafts-, Gesamt- und Ganztagsschule" lösen lassen.

Interessant wird die Thematik spätestens dann, wenn man mit Schule tatsächlich so etwas wie Vorbereitung auf das Berufsleben und die gesellschaftliche Wirklichkeit verbindet. Unter dem Vorzeichen einer bis zur 10. oder 12. bzw. 13. Klasse relativ gemächlich, in einem schulischen Schonraum mehr oder weniger unverbindlich dahinplätschernden Qualifikationsabsicht würde das per se bedeuten, dass den Schülern erst mit Verlassen der Schule knallhart bewusst wird, dass die Berufswelt mit Aussortieren, Verdrängen und Leistungsdruck zu tun hat.

Offenkundig hat dann wohl die stets formulierte pädagogische Maxime „Lebensweltorientierung" bis dato unglücklicherweise doch nicht ganz die Realität abbilden können.

Ergebnis: Lebensweltorientierung ohne Realitätsorientierung!

Die europäische Rechtsprechung macht im Übrigen diesen Gesichtspunkt der Auswahl und Verdrängung in anderen Zusammenhängen stets mit Nachdruck deutlich, nämlich, indem sie kontinuierlich Wettbewerb und Konkurrenz um das beste Angebot fordert und ggf. einklagt.

Eine Schule, die bis zum Abschluss darauf verzichtet, den Schülern bereits während der Schulausbildung durch realistische Notengebung und differenzierte Angebote im Kontext der bei Schülern festgestellten fachlichen Eignung und Befähigung Schul- und Ausbildungsempfehlungen zu geben, hat an sich die Berechtigung als für die gesellschaftlichen und wirtschaftlichen Erfordernisse vorzubereitende Bildungsstätte verloren.
Dabei sollte das ganze Spektrum unseres differenzierten Schul- und Ausbildungswesens genutzt werden können, da eine sozialromantische

Gleichmacherei außer der einen oder anderen politischen Karriere noch niemandem genutzt hat.

Wenn man den momentan feststellbaren politischen Mainstream im Hinblick auf die beabsichtigten Schulformen einmal zu Ende denken würde, dann müsste die Konsequenz unweigerlich sein, auf jegliche Forderungen und qualitative Einordnung von Schülerleistungen und Absolventen gänzlich zu verzichten.

Also: Keine Notengebung, keine Äußerungen über die Qualität der Leistung und keine Berechtigung im Hinblick auf mögliche Tätigkeiten und Beschäftigungsfelder in Wirtschaft und Gesellschaft. In diesem Zusammenhang wären dann auch die vielbeschworenen und umstrittenen PISA-Tests überflüssig.

Da jedoch Wirtschaft, Politik und Gesellschaft einen relativ hoch qualifizierten Output unseres Schulsystem fordern, bleiben an sich nur die bereits genannten Funktionen und Forderungen übrig, nämlich Auswahl, Allokation und Qualifikation in einem möglichst differenzierten, aber auch durchlässigen Schulsystem!

3. Notenkosmetik, was sonst?

Die berühmte Formulierung, dass es bei jeder Sache auch Ausnahmen gebe, ist an und für sich ein Totschlagargument für jede sachliche Diskussion um Standards. Ausnahmen bestätigen eben nicht immer die Regel.

Natürlich kann auch die besagte Krankenschwester eine gute Ärztin abgeben, auch ohne Medizin studiert haben zu müssen. Spätestens, wenn es aber bei speziellen Problemen darum geht, fachlich analytische Kompetenzen zu beweisen, dürfte mangels akademischer Vorbildung die eine oder andere Entscheidung recht schwer fallen – von Haftungsfragen mal ganz abgesehen.

Ansonsten könnte man beispielsweise auch bei PISA sagen, unsere Schüler könnten, sofern sie wollten.
Bei der Umstellung des Satzes, wonach das Wollen automatisch auch das Können einschließt, dürfte jedem einleuchten, dass sich hier schon die schon mehrfach erwähnten Termini „Auswahl" und „Allokation" wiederfinden lassen. Wer die Aufgaben nicht lösen kann, obwohl er durchaus den Willen dazu hat, wird trotzdem nicht auf den vorderen PISA-Plätzen gelistet sein können.

Schnell wird hier auf den Begriff „Qualifikation" und „Kompetenzorientierung" gelenkt, nur um keine diskriminierende Einteilung zwischen denjenigen, die es können und denjenigen, die es nicht können, vornehmen zu müssen. Man möchte ja schließlich nicht die narzisstische Grundbefindlichkeit der Eltern zerstören, die ihr Kind selbstverständlich ohne Diskussion bereits als zukünftigen Einstein sehen.

Und dann landet man automatisch wieder bei einer der Fragestellungen, die sich darum drehen, wie viel und wie umfassend das anzueignende Wissen sein soll.

Bleibt es bei den sog. Schlüsselqualifikationen, würde sich der eine oder andere umstrittene PISA-Test erübrigen. Wird hingegen doch in Richtung vertieftes enzyklopädisches Wissen tendiert, dann haben alle Fächer gleichermaßen Anteil an der Gesamtbildung eines Menschen.

Gerade auf dieser Grundlage könnte man beispielsweise im Bereich der Musik das Ziel der Musiklehre und Instrumentenkunde derart formulieren, dass jeder Schüler beim Hören eines Musikstückes neben mehreren Instrumenten, wie zum Beispiel Oboe und Violine, auch Takte und Akzentuierungen benennen und unterscheiden kann.

In wirtschaftlichen Fächern können als selbstverständliche Grundlagen beispielsweise Preisbildung, die magischen Vier- bzw. Sechsecke und Kostenrechnung vorausgesetzt werden. Andere Fächer reihen sich mit ihrer wissenschaftlichen Propädeutik ebenbürtig ein. Nun gut, wird so mancher von sich geben. Das dürfte doch an unseren Schulen mittels

Lehrplänen abgedeckt sein. Wären da nicht die Leistungsbeurteilungen.

Mit den Leistungsbeurteilungen an der Schule ist das nämlich auch so eine Sache. Die Beurteilung und Bewertung einer Leistung geht ja davon aus, dass die sachliche und formale Richtigkeit dieser Leistung an einer Norm ausgerichtet, festgestellt wird. Die Lösung der Aufgabe 1+1 wird undiskutabel 2 lauten müssen.

Als Lehrkraft hätte man ohne Weiteres auch die Möglichkeit, die pädagogische Seite der Aufgabenlösung in den Fokus zu rücken. Hätte der Schüler statt des erforderlichen Ergebnisses 2 die Zahl 3 oder 4 hingeschrieben, wäre ja durchaus noch die Alternative die Bewertung auf die pädagogische Grundlage zu stellen, wonach der Schüler immerhin festgehalten hat, dass es eben mehr als 1 geworden sein muss. Somit würde die Kompetenz des in die richtige Richtung gehenden Denkens verstärkt, zumal wenn dann noch die Leistung unter Umständen mit dem Prädikat „noch ausreichend" bewertet wird – nach dem Motto: Der Gedankengang war ja richtig.

Immerhin wurde damit das Selbstwertgefühl des Schülers nicht zerstört und das Weiterlernen nicht im Keim erstickt, was von professionellen Pädagogen im Grunde genommen auch eingefordert wird.

Die in den letzten Jahren geführten politischen Auseinandersetzungen um die sog. „bessere Schule" haben zumindest hierzu einen Begriff mehr als deutlich thematisiert, nämlich den der **Notenkosmetik**. Insbesondere im vielbesagten Schulversuchsland Nordrhein-Westfalen hatte dieser Begriff, nachdem man wissenschaftlich das Scheitern der Gesamtschulidee herausstellte, zumindest bildungspolitisch eine ganz besondere Aufmerksamkeit bekommen.

In Anbetracht dieser Praxis kann man sich sehr gut vorstellen, dass ein auf Notenkosmetik basierendes **Discountabitur** nicht gerade ein qualifiziertes Aushängeschild für den Absolventen darstellt. Der emotionale Sturm der Entrüstung hält sich in Grenzen, wenn sogenannte Abiturienten diese Hochschulzugangsberechtigung nur aus dem Grund gemacht haben, um sie als „qualifizierte" Bescheinigung dem Antrag auf Hartz-IV beilegen zu können.

Nicht umsonst wollte sich der durch Pisa provozierte Aufschrei nach verbindlichen und vergleichbaren Standards im Bildungswesen bundesweit Gehör verschaffen. Ob die nun kürzlich von der Kultusministerkonferenz (KMK) vereinbarten Standards für Abiturprüfungen diesen nicht wünschenswerten Zustand beheben können, bleibt abzuwarten.

Schließlich gibt es noch genügend Möglichkeiten an eine **Hochschulzugangsberechtigung** zu kommen, **ohne** sich dem **Procedere einer regulären Abiturprüfung** aussetzen zu müssen.

Die Klagen von Ausbildungsbetrieben und interessanterweise auch Hoch-schulen über mangelnde Ausbildungsreife und Studierfähigkeit der Absol-venten unserer Schulen unterstreichen jedenfalls diese Misere mangeln-der Standards immer wieder mit Nachdruck.

Aber wie gesagt, das mit den Leistungserwartungen in der Schule, aber auch an Hochschulen ist so eine Sache. Zum einen möchte man mög-lichst eine vorzeigbare „PISA-Elite" heranbilden, auf der anderen Seite gesteht man sich allerdings nur halbherzig ein, dass es durchaus Leis-tungsunterschiede geben muss. Beste Beispiele sind bildungspolitische Ergüsse, also Erlasse, die einerseits das Sitzenbleiben abschaffen wollen, da es ja ohnehin „nur gute Schüler" gibt. Auf der anderen Seite wird öffentlichkeitswirksam und schulterklopfend ein Exempel statuiert, wenn Professoren aufgrund der Vergabe zu guter Noten die Prüfungsberechti-gung entzogen wird.
Mittelmäßige Schüler möchte man aber auch nicht haben. Im Gegenzug hält man nämlich stets die Forderung aufrecht, im internationalen Bil-dungsranking vorzeigbar oben stehen zu wollen.

Wenigstens überfrachtet das Fragezeichen im Gesicht bei so viel Unschlüssigkeit hier sämtliche unschöne Gesichtskonturen.

Apropos, unschönes Stirnrunzeln....

In letzter Zeit gibt es ein Dilemma mit den sogenannten Studienabbrechern. „Jeder vierte Student bricht sein Studium ab", heißt es lapidar in einem Artikel der Financial Times Deutschland. Als häufigste Ursache werden Leistungsprobleme und Prüfungsangst genannt, mitunter weil die Lehrpläne überfrachtet sein sollen und die Inhalte eine Überforderung darstellen. Welch eine Misere, könnte man politisch resümieren. Ob es denn an der vielbeschworenen Qualität des Quotenabiturs liegt?

Die Erwartung der Gesellschaft wie der Wirtschaft ist es doch, dass hinter dem vergebenen Abschluss auch ein Äquivalent steht, sprich dass man mit einem bestimmten Bildungsabschluss auch bestimmte Leistungen erwarten kann.

Leider werden allerdings nicht selten die angestrebten Ziele zugunsten einer Auffassung „der Schüler hat sich bemüht, sein Bestes zu geben" mit einer pädagogischen Note honoriert, anstatt eine vergleichbare definitive Leistungsnote auszuweisen.

Mit einer solchen, teils politisch gewollten Auffassung sind natürlich die gewünschten Steigerungsraten der Abiturientenquoten durchaus zu verwirklichen. Ob jemand besonders gut lesen kann und ein qualifiziertes Sprach- und Textverständnis sowie überdurchschnittliche mathematische und naturwissenschaftliche Kenntnisse hat, spielt an sich keine Rolle.

Man sieht ja durchaus, dass selbst die Bundesländer mit dem schlechtesten PISA-Rating noch eine erstaunlich hohe Zahl an Abiturienten präsen-

tieren können. Welche Qualität dieses bildungspolitisch gewollte Discountabitur hat, muss auch in Anbetracht der zuvor genannten Dilemmata in
Bezug auf die Studienabbruchquote nicht näher betrachtet werden.

Die Hochschulpolitik hat hierauf folgerichtig mit der Einführung und der
darauf folgenden Überarbeitung der anglikanischen Abschlüsse Bachelor
und Master reagiert. Insbesondere sollten die Anforderungen an einen
Bachelor soweit heruntergesetzt werden, dass jeder Student den anvisier-
ten Abschluss auch schaffen kann. Die Wirtschaft muss dann halt leider
die Aufgabe der Auswahl und Allokation übernehmen, was in vielfältiger
und harter Weise auch praktiziert wird.
Damit haben Schule und Hochschule eine Aufgabe weniger zu leisten und
können sich auf die schon mehrfach dargestellte Qualifikation konzentrieren, die eben mit der Relativität pädagogischer Leistungsbewertung
anheim geht. So kommt es auch nicht von ungefähr, dass auch der Bun-
desbildungsbericht von 2010 deckungsgleich mit den Erfahrungen der
Verbände von Handwerk und Wirtschaft festgestellt hat, dass fast jeder
zweite Absolvent einer allgemeinbildenden Schule, wie schon wiederholt
hervorgehoben, nicht ausbildungsreif ist.

In Anbetracht dieser Erkenntnisse braucht man sich auch nicht zu wundern, dass das Lesen und das Verständnis von etwas anspruchsvolleren
Texten als denen, die in einer „renommierten überparteilichen

Großbuchstaben-Boulevard-Tageszeitung" zu finden sind, eklatante Schwierigkeiten bereitet. Artikel von großen Tageszeitungen und anspruchsvollen Nachrichtenmagazinen werden, wenn möglich, gemieden. Und diejenigen, denen es gelingt, einen der vielen Online-Artikel zumindest von der Überschrift her zu erfassen, dokumentieren ihre mangelnde Bildung durch die mehr als flachen und niveaulosen online gestellten Kommentare.

Es bleibt die Frage: Wie sollen sich diese Menschen überhaupt eine qualifizierte und fundierte Meinung bilden können, wenn die Auseinandersetzung mit komplexen Inhalten aufgrund mangelnder und/oder fehlender Fähigkeiten schlichtweg nicht möglich ist?

Doch nicht etwa mit der Herabsetzung des Wahlalters, damit die politischen Parteien das für die von Hormonen gesteuerten, von der Erwachsenenwelt mittels Jugendsprache sich distanzierenden, sinnsuchenden, kurz gesagt, in der Spätpubertät befindlichen Jugendlichen übernehmen können? Sollte diese Programmatik tatsächlich eine qualifizierte Demokratie befördern?

Eine Identifikation mit eloquenten Politikern, die sich professionell der Jugendsprache bedienen, ist ja auch nicht schlecht. So etwas nennt man dann Macht durch Identifikation statt durch Kompetenz, belegt durch die Inkompetenz bei der Abstimmung des europäischen

Rettungsschirmes, welche den Abgeordneten karikierend in der Öffentlichkeit nachgesagt wird.

Oder sollte es in diesem Fall tatsächlich nach dem Spruch gehen: Die dümmsten Kälber wählen ihren Metzger selber?

4. Das Versetzungskarussell

Der steigende Fun-Faktor bei dem Spruch „die nächste Fahrt geht rückwärts" wird bei anstehenden Versetzungen bestimmt nicht jenes gewünschte Bauchkribbeln ergeben, das man sich sonst bei diversen Fahrgeschäften in Freizeitparks gerne holen möchte. Bei manchem der schwachen Schüler an den Schulen müssten in der Tat mehr Anstrengungen unternommen werden, um zumindest das Sitzenbleiben zu verhindern.

Eine Förderung ist bei vernünftigen organisatorischen wie pädagogischen Rahmenbedingungen möglich. Das beweisen immer wieder sowohl einschlägige Privatschulen als auch Nachhilfeinstitute. Nur, die kosten meist Geld. Dafür setzen sich die Pädagogen dieser Bildungsstätten ganz konkret mit der betreffenden Person hin und arbeiten abgestimmt auf das von der Schule vorgegebene Ziel hin – wenn nötig, wird von beiden Seiten (Nachhilfe-Lehrer wie Nachhilfe-Schüler) auch noch mehr Zeit investiert.

Staatliche Schulen hingegen haben relativ große Klassen mit teils sogar über 30 Schülern, eine begrenzte Zeitvorgabe, um ein Bildungsziel zu erreichen (G8 Turbo-Abi lässt grüßen), dafür aber ausgelastete Lehrkräfte, welche die hochverdichteten Rahmenvorgaben des „Arbeitgebers" zu erfüllen haben. Eine qualifizierte Einzelförderung, im günstigsten Fall optimale Kleingruppenförderung, ist nur in den seltensten Fällen möglich. Das gelegentlich unter diesen Voraussetzungen Schülerinnen sitzen bleiben, ist schulischer Alltag. Aber auch hier reagieren die Bildungsministerien, dank der Möglichkeiten, Schulgesetze auf den Weg zu bringen und Erlasse herauszugeben, gelassen: Sie schaffen einfach das Sitzenbleiben ab – eine wirklich gute Idee. Gestützt werden diese Entscheidungen mittels Studien zum Thema „Sitzenbleiben", welche die Unsinnigkeit von Wiederholungen belegen, insbesondere – man beachte! – unter besonderer Hervorhebung der volkswirtschaftlichen Kostenfrage!

Ergebnisse dieser Studien suggerieren: Schüler, die bisher nicht mitgekommen sind und große Wissenslücken aufweisen, werden sicherlich mit Versetzung in die nächste Jahrgangsstufe mit ihren intellektuellen und kompensatorischen Fähigkeiten den nächsten Bildungslevel problemlos meistern können. Wundermittel bei der Lehrereinstellung ist hier das Verfahren „Klassenbezug", da eine klientelbezogen eingestellte Lehrkraft bestimmt öfter von einer pädagogischen Notengebung Gebrauch machen wird.

Man könnte sich ohne Frage einfallen lassen, einfach die persönlichen Stärken zu gewichten. Ein Schüler kann gut zeichnen, der andere gut Computer(spielen). So hat man als pädagogisch qualifizierter Lehrer problemlos die Handhabung eine gute Note für den Ausgleich im Jahreszeugnis zu formulieren. Ob sich die geforderte Bildungsqualität hierdurch verbessert, sei dahingestellt.

Selektion, was für ein schreckliches Wort – nein danke. Abschlussgarantie wäre besser gewählt. Besser ein Abitur ohne Studierfähigkeit, als gar kein Abschluss – lieber ein „mittlerer Bildungsabschluss" ohne Lese- und Rechenkompetenz als gar kein Abschluss!

Ich brauche hier nur lange genug sitzen, dann habe ich mein Abi so gut wie in der Tasche!

Abbildung 2 - Schule, aus: www.Bilderkiste.de

5. Wer oder was bin ich?

Leistung wird mit dem Selbstwert verbunden – Scheitern bedeutet ein Verlust des Selbstwertgefühls.

Identität hängt mit dem Selbstwertgefühl unmittelbar zusammen. Wenn das Ergebnis vorzeigbar ist, steigt das Selbstwertgefühl und bestätigt die Identität des einzelnen. Wer möchte sich nicht mit Leistungen präsentieren, die sich entweder von anderen abheben oder die Bestätigung verleihen, zu einer besonderen Gruppe zu gehören?

Fakt ist in diesem Zusammenhang, dass die Schule zum Teil mit ihrem Selektions- und Allokationsprinzip dieses Selbstwertgefühl und demzufolge auch die Identitätsentwicklung „ungünstig" beeinflussen kann. Oder wie es der Wissenschaftler der San Diego State University, Jean Twenge, provokant und resümierend ausdrückt, würde man mit diesem Prinzip in dreister Weise das narzisstische Wolkenschloss der Schüler zerstören. Das darf natürlich nicht passieren.

Fakt ist aber dennoch, dass die Schule als Teil einer pädagogischen Gesamtaufgabe das Erziehungsziel zu verwirklichen hat, Schüler und Schülerinnen zu selbstbestimmten, selbstverantwortlichen, gemeinschaftsfähigen sprich mündigen Menschen zu erziehen. Ab welchem Alter die Kinder bestimmten Schultypen mit entsprechendem Anforderungs-

und Anspruchsniveau empfohlen werden sollten, ist bekanntlich eine der bildungspolitischen Streitfragen.

Spätestens hier wird der Spagat der pädagogischen Aufgabe deutlich: Entweder man fokussiert die individuellen Stärken, Begabungen und Interessen des Zu-Erziehenden.

Oder man stellt das gesellschaftlich formulierte Erziehungsziel in den Vordergrund, wonach allgemeingebildete, gemeinschaftsfähige mit spezifisch für die Gesellschaft erforderlichen und brauchbaren Qualifikationen gerüstete Menschen frühzeitig Verantwortung für unterschiedliche Lebensbereiche in der sozialen Gemeinschaft übernehmen können.

Pädagogisch könnte man es noch anders ausdrücken:

Welche Fähigkeiten und Fertigkeiten eines Zu-Erziehenden können derart genutzt und „zurechtgebogen" werden, dass das gesellschaftlich formulierte Erziehungs- und Bildungsziel erreicht werden kann?

Oder noch ein wenig anders:

Wie viel muss sich ein Zu-Erziehender aneignen (lassen), damit er dem allgemein gesellschaftlich akzeptierten Erziehungs- und Bildungsziel entspricht?

Dass diese Frage im Zeitalter zunehmender Komplexität der Lebenszusammenhänge und beruflichen wie gesellschaftlichen Erfordernisse
nicht so leicht zu beantworten ist, liegt auf der Hand.

Dennoch belegen zahlreiche Forderungen und Äußerungen der Wirtschaft
und der Politik, dass es durchaus verbindliche Inhalte und Zielvorstel-
lungen gibt und geben muss, die es mit allen wirtschafts- und bildungspolitischen Anstrengungen zu erreichen gilt!

6. Erfahrung schützt vor Bildung nicht

Wie oft hört man das Argument „du musst deine eigenen Erfahrungen
machen!"? Genau genommen steckt hinter einer solchen Aussage, dass
man vieles selbst erleben und mitbekommen muss. Also muss man zusätzlich noch einen gewissen Zeitfaktor einplanen, da es kaum möglich
ist, alles komprimiert zur gleichen Zeit zu erfahren und zu erleben.
Ob diese Erlebnisse und Erfahrungen jedoch qualifiziert bearbeitet und in
ein differenziert verwendbares Repertoire gelegt werden können, bleibt
allerdings noch dahingestellt. Manche Menschen machen Erfahrungen,
wissen aber mit den Erfahrungen nichts anzufangen. Selbst diejenigen,
die meinen, Erfahrungen zu haben und deshalb ihr Leben stereotyp
ausrichten, um möglichst keine neuen, vielleicht auch anderen Erfahrun-

gen zu sammeln, können nicht unbedingt behaupten, einen reichhaltigen Erfahrungsschatz zu besitzen. Diese Haltung wird dann mit dem vielbeschworenen Satz „komm du erst 'mal in mein Alter, dann...." unterstrichen.

Aber was heißt denn Erfahrung?

Salopp übersetzt, könnte man sagen, dass man Erlebtes, Erlerntes und Praktiziertes in Beziehung zueinander setzen kann. Je intensiver die Erfahrungen und fundierter die Auseinandersetzungen mit den einzelnen Erlebnissen sind, desto fundierter kann man die so gewonnene Erfahrung bezeichnen. Das antizipiert aber bekanntlich das Erlernte, Erlebte und das Praktizierte auf einem qualitativen und quantitativen Niveau voraus weg. Nur einfach „schlechte" oder „gute" Erfahrungen gemacht zu haben, würde dem Erfahrungsbegriff nicht gerecht werden.

> **Erfahrung** hat man, wenn man Erlebtes, **Erlerntes und Praktiziertes** in qualitativer und konstruktiver Weise **in Beziehung** zueinander setzen kann.

Und genau für dieses Erlernen, Erfahren und Praktizieren sollen Eltern wie Pädagogen für die erforderliche Begleitung zur Verfügung stehen. Das würde aber auch bedeuten müssen, dass diese Begleiter den Erfahrungsbegriff auch einzuordnen wissen.

Doch nicht selten wird der Erfahrungsbegriff auf eine schlichte Schiene der subjektiven Verarbeitung praktischer Erlebnisse reduziert. Eine kognitive und analytische Auseinandersetzung der gewonnenen Erfahrungen wird häufig außen vor gelassen. Obgleich diese Auseinandersetzung für die persönliche Weiterentwicklung von enormer Bedeutung wäre, bleibt sie meist als subjektive stereotype Erfahrung stehen. Und dabei ist es keine unbekannte Tatsache menschlicher Entwicklung, dass das „spezifisch menschliche Lernen" als „Handeln mit Denken, Bewusstsein und Geist" verbunden ist.

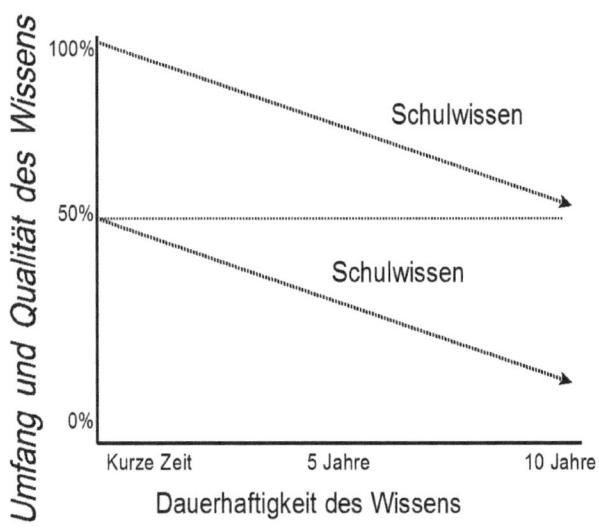

Abbildung 3 - Halbwertszeit des schulischen Wissens

Blickt man im Zusammenhang mit dem Erfahrungsbegriff auf das geforderte schulische Lernen, bestätigen die Erkenntnisse um die **Halbwertszeit des Wissens**, dass ein gründlich angeeignetes Wissen ein nicht zu unterschätzender Grundbaustein der weiteren beruflichen wie schulischen Biografie des einzelnen Schülers darstellt.

Man mag zwar immer wieder diskutieren, wie viel Wissen denn nun erforderlich ist, wenn man sich mit Blick auf die exemplarische Auswahl von Inhalten mit unterschiedlichen Lehrplänen beschäftigt. De facto ist es aber keine neue Erkenntnis, dass gerade auch passiv angelegte Bildungsinhalte einen nicht unerheblichen Wert haben, insbesondere wenn es darum geht, Situationen und Sachverhalte angemessen beurteilen zu können.

Das kann man übrigens ganz gut mit dem passiv angelegten Wortschatz verdeutlichen. Der Passivwortschatz bildet eine nicht unbedeutende Basis zum Text und Wortverständnis dar. Besonders bei Fremdsprachen ist es beispielsweise recht hilfreich, wenn man jemanden wenigstens annähernd verstehen kann, selbst wenn man aktiv nicht so viel Konversation in der betreffenden Sprache betreiben kann. Dennoch fällt es mit einem soliden Passivwortschatz zweifelsohne leichter, sein Gegenüber zu verstehen.

Aus diesem Grund stimmt es schon nachdenklich, wenn die Bildungsdiskussion permanent zugunsten recht subjektiver Auswahl exemplarischen Wissens und politisch gewollter Reduktion der Stofffülle entschieden wird, verklausuliert durch den Begriff „Kompetenzorientierung"!

Ebenfalls interessant ist ja darüber hinaus die Diskussion um die anglikanischen Studiengänge bzw. Studienabschlüsse Bachelor und Master. Insbesondere die Inhalte des Bachelor-Abschlusses werden mit einer gewissen Brisanz diskutiert. Während eine Gruppierung von Professoren nach wie vor ihre Lehrinhalte und demzufolge auch den Prüfungsstoff an den „alten" Diplom-Studiengängen (FH) festmacht, plädiert eine andere Gruppierung für die Straffung und „Verschlankung" der Inhalte und folgerichtig auch der Prüfungen.

Spannend ist die Diskussion deshalb, weil hier eindrücklich verdeutlicht wird, dass die Umstellung der Studienabschlüsse zwangsläufig zu einer Reduzierung der Forderungen sowohl im Hinblick auf die Inhalte des Studiums als auch in Bezug auf den Prüfungsstoff führen wird!

Oder anders ausgedrückt: Ein Bachelor-Abschluss ist offenbar niedriger einzustufen als ein vormals vergleichbarer Diplom-Abschluss an einer Fachhochschule. Ansonsten wäre diese Diskussion überflüssig! Formal ist ein Bachelor-Abschluss in jeder Hinsicht niedriger eingestuft, da man nach „altem Recht" noch mit einem guten FH-Abschluss direkt promovieren konnte. Selbst mit einem sehr guten Bachelor-Abschluss ist das eigentlich nicht mehr, und wenn überhaupt, nur noch absolut rein theoretisch möglich. Zwar werden bereits von einigen Bundesländern Novellierungen ihrer Hochschulgesetze in Angriff genommen, damit die Hürde der Direktpromotion nach einem Bachelor-Abschluss „mit leichtem Fuße übersprungen werden" kann. Mit welchem fundierten Tiefgang die wissenschaftliche Leistung ausfallen wird, sei schon jetzt dahingestellt.

Auf der einen Seite werden in der Berufswelt immer mehr Wissen, Fähigkeiten und Fertigkeiten verlangt, die ein Bewerber für eine Stelle vorzuweisen hat. Andererseits werden bereits in die Ausbildungen und Abschlüsse latent Reduktionen implementiert, die eine Erreichung dieses Anforderungskataloges schlichtweg konterkarieren. Kurz gesagt: Obwohl die Berufswelt immer mehr Grundqualifikationen abverlangt, beherrschen immer weniger Bewerber die erforderlichen Fähigkeiten und Fertigkeiten.

Deshalb müssen immer mehr **Handwerksbetriebe und Firmen** Eignungstests, diverse Überprüfungen und des Öfteren auch Nachschulungen der Bewerber vornehmen, da die Abschlüsse in aller Regel keine Aussage mehr über deren im Zeugnis ausgewiesene Qualifikation ermöglichen. Sie **müssen dabei aus einer Not eine Tugend machen, da sie sonst keine potenziellen Mitarbeiter mehr rekrutieren könnten.** Und in diesem Zusammenhang wird permanent und kontinuierlich festgestellt, dass Bewerber immer weniger aufzuweisen haben.

Dass diese Bewerber nicht richtig schreiben, lesen und rechnen können, ist nur eine Seite der Medaille. Das morgendliche Aufstehen und pünktlich zur Arbeit zu kommen, bis hin zur Motivation für die Ausbildung stellt für nicht wenige Schulabgänger ein weiteres, teilweise unüberwindbares Problem dar.

Auch hier haben die staatlichen Bildungseinrichtungen ihre an sich sinnvolle und vernünftige Aufgabe der professionellen Auswahl und Allokation zu Lasten einer bundeslandabhängigen politisch formulierten Qualifikationsaufgabe abgegeben.

Eine Einstellung bei einem Arbeitgeber ist nicht einklagbar, ein staatlicher Abschluss mit energischen Eltern und einem ökonomisch denkenden Advokaten im Hintergrund jedoch schon.

Noch bizarrer wird das ganze Qualifikationsspiel sogar bei der Auswahl von guten und weniger guten Schülern und Studenten pointiert, wenn man einfach einigen Professoren die Prüfungserlaubnis entzieht, da sie ohnehin nur die gewünschten Noten „sehr gut" erteilten – was aber kurioserweise dann auch nicht in Ordnung war! Trotzdem gibt es nach wie vor den ausgeprägten Trend, Prüfungsleistungen mit Prädikat zu zensieren, was jedoch erkennbar finanziell nicht so betuchte Studenten benachteiligt. Sie müssen nämlich kostenintensive Auslandsaufenthalte und zusätzliche, ebenfalls kostenträchtige Bildungsangebote nachweisen, damit sie sich bei Bewerbungen mit anderen Einser-Kandidaten realistisch durchsetzen können. Auch Bildungsabschlüsse können einer Inflation unterliegen und an Wert verlieren, was man in diesem Zusammenhang eindrücklich erkennen kann.

Dabei ist die Warnung der Wirtschaft an die Hochschulen nicht unüberhörbar gewesen. So wird mit einer gewissen Selbstverständlichkeit schon von „Traumnoten-Inflation" und „Kuschelnoten" gesprochen, da seit Jahren in undifferenzierter Manier Einser-Examen auf den Arbeitsmarkt „geschmissen" werden. Schließlich sind die Geheim–Tipps unter den Studenten, wo es gute Noten gibt, schon lange kein Geheimnis mehr.

Fazit: Es sind keine Einzelfälle mehr, wenn sich Professoren beklagen, dass Abiturienten zunehmend studierunfähiger sind.
Zum einen müssen elementare schulische Kenntnisse in den ersten Semestern „nach-vermittelt" werden, und zum anderen blockieren nicht vorhandene Bildungsinhalte ein qualifiziertes Anknüpfen an die normalerweise voraussetzbare Studierfähigkeit.

Was ist die Konsequenz: Eine Reduktion der Bildungsinhalte und Prüfungsinhalte und die nicht unwichtige Nebenbedingung, dass **Schul- und**

Hochschulabschlüsse keinen qualitativen Aussagegehalt mehr besitzen! Wenn sich Menschen bilden und weiterentwickeln wollen, müssen sie qualifizierte Rückmeldungen ihrer Leistungen erhalten und im Sinne ihres Leistungsvermögens geeigneten Schultypen „empfohlen" werden können. Hierzu bedarf es allerdings eines differenzierten, konsequent ausgerichteten und gegliederten Bildungssystems.

> Man muss die Tatsachen kennen, bevor man sie verdrehen kann. (Mark Twain)

Irrtum II: Gut gespielt ist halb gewonnen

Heutzutage scheinen das Zauberwort und der Schlüssel zu einer erfolgreichen kindlichen Entwicklung und schulischen, womöglich auch noch beruflichen Karriere das Spiel zu sein. Spielerisches Lernen verspricht, das Angenehme mit dem Nützlichen verbinden zu können. Durch das kindliche Spiel wird eine Menge gelernt, ohne dass das Kind den Aufwand und die Bewandtnis des Lernens überhaupt mitbekommt.

Die Frage, die sich hierbei allerdings nicht aus der Türe drängen lässt, lautet: Was ist, wenn ein Kind nicht das lernt, was eigentlich durch das Spiel beabsichtigt war, zu lernen?

Oder auch als pädagogische Forderung ausgedrückt: Wenn das Kind nicht selbst durch das Spiel die erforderlichen Lernziele erreichen kann, muss zwangsweise nachgeholfen werden!

Das Motto: „Du musst so spielen, dass du auch was lernst dabei!"

Natürlich hat das kindliche Spiel eine nicht zu unterschätzende Bedeutung im Rahmen der kindlichen Entwicklung. Vielfach bekommt das Kind tatsächlich nicht einmal mit, welche Entwicklungsfortschritte es durch das Spiel gemacht hat. Insbesondere die Erkenntnisse der kognitiven Entwicklung und der neurobiologischen Forschung können anschaulich verdeutlichen, wie aus bloßem Versuch-und-Irrtum-Lernen hoch komplexe Denkstrukturen ausgebildet werden können.

Außerdem können durch qualifiziertes pädagogisches Personal Entwicklungsdefizite diagnostiziert und fachkundig begleitet werden. Das Spiel hat somit eine durchaus nicht zu vernachlässigende Funktion im pädagogischen Geschäft. Schwieriger wird es allerdings, wenn man sich den Begriff und die eigentliche Bedeutung des Spiels vor Augen führt:

Spiel ist die zweckfreie und ungebundene Beschäftigung eines Kindes, dessen Ziel es ist, sich ohne Ergebnis und besonderer Bedeutung der Zeit sich einfach der Situation zu entziehen, um sich dieser zweckfreien Betätigung lediglich hingeben zu können.

Problematisch wird es, wenn Pädagogen mit idealistisch beruflichem Ehrgeiz wider besseren Wissens dieses kindliche Spiel funktionalisieren und zweckentfremden.

1. Schlecht gespielt – nichts gelernt

Es ist in letzter Zeit kein anderer Begriff in der Pädagogik derart bean-
sprucht worden wie der Begriff „Spiel".

Eine der Grundaussagen lautet: Der Mensch als *homo ludens* lernt alles
spielerisch. Offenkundig erledigt sich die ganze pädagogische und didaktische Vermittlung von Wissen und Fertigkeiten von selbst, wenn man nur
zur richtigen Zeit, am richtigen Ort zur richtigen Situation das geeignete
Spiel(zeug) auswählt bzw. auswählen lässt!

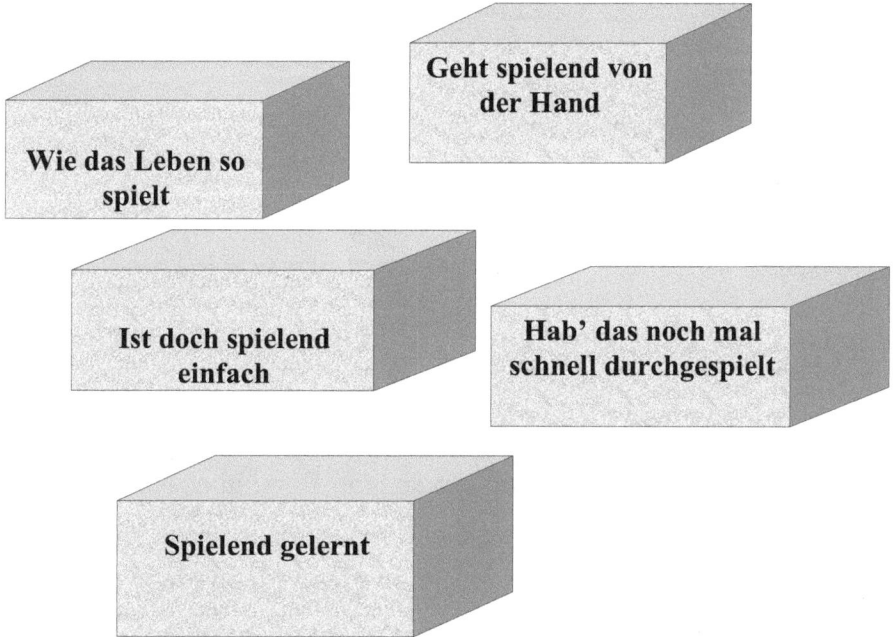

Interessant ist hierbei, dass sich die Protagonisten dieses funktional verwendeten Begriffs im Grunde genommen selbst widersprechen.

Blickt man auf den Begriff „Spiel", erkennt man folgende Grundidee:

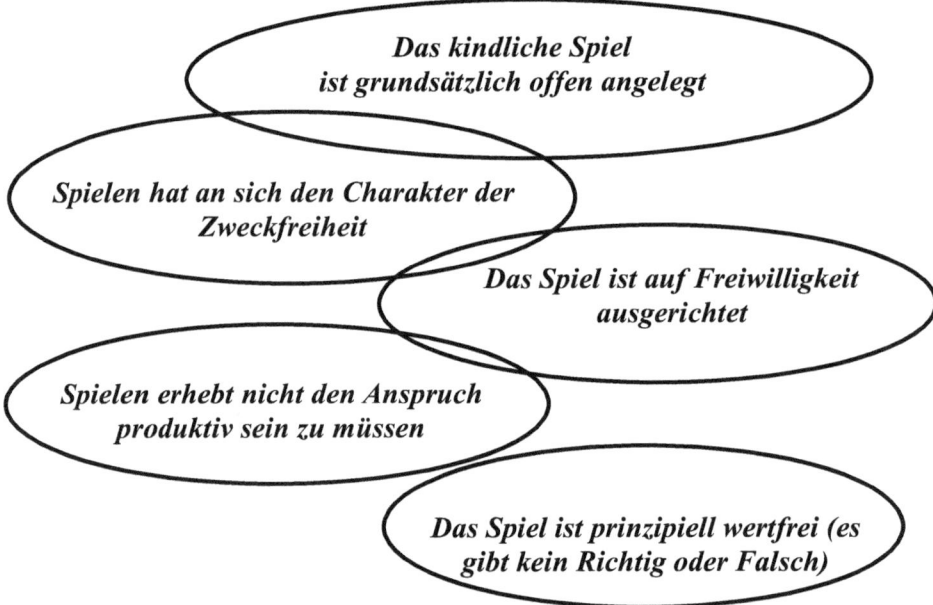

Setzt man diese Punkte als Maßstab für die pädagogische Begleitung fest, so erübrigen sich alle pädagogischen Bemühungen, mit einem bestimmten Spiel(zeug) ein konkretes Ziel erreichen zu müssen.

Natürlich gibt es in der Geschichte der Pädagogik etliche Pädagogen, die das kindliche Spiel in ihrer „Pädagogik" thematisiert haben. Dabei haben sie ihren Begriff von Spiel mit diversen Schwerpunkten und Nuancen ausstaffiert, wie beispielsweise Fröbel, Montessori und Freinet!

Das kindliche Spiel wurde von ihnen immer wieder zu einem der zentralen Schwerpunkte im Zusammenhang mit der entwicklungspsychologischen und pädagogischen Begleitung eines Kindes.
Als Gemeinsamkeit kann man bei jedem dieser unterschiedlichen pädagogischen Ansätze jedoch feststellen, dass für sie das Eigenrecht des Kindes auf das Spiel stets in den Fokus rückte.

Nicht die Funktionalisierung des kindlichen Spiels für irgendwelche Interessen des Staates und der Gesellschaft, sondern das Kind sollte dabei im Vordergrund stehen.

Zwar unterstellte man auch Maria Montessori, sie würde mit ihren Übungen des täglichen Lebens und mit den übrigen Spielangeboten auf die Arbeit in der Industrie, insbesondere auf die Fließbandarbeit, vorbereiten. Jedoch lag diese Zielrichtung für sie derart fern, weshalb auch hier nicht näher darauf eingegangen werden muss. Für sie rangierte das Kind mit seinen Interessen und seiner Individualität stets im Mittelpunkt aller Beschäftigung.
Nicht zuletzt die Erkenntnisse frühkindlicher Bindungserfahrungen stützen die Forderungen nach einer individuellen und auf emotionaler Beziehung

basierenden Begleitung des Kindes.

Heutzutage sieht es allerdings etwas anders aus:

♦ Die kindliche Leistungsfähigkeit steht im nationalen und internationalen Wettbewerb – Bildung von Anfang an, um keine „wertvolle"
Zeit zu verlieren. Die Konkurrenzfähigkeit mit internationalen Bildungseinrichtungen wird mit diesen Bestrebungen automatisch
subsumiert.

♦ PISA – Der Vergleich von formalen und materialen „Bildungsleistun-
gen" soll als Maßstab für die Optimierung und effektive Vermittlung
von beruflich verwertbaren Bildungsinhalten gelten.

♦ Die politische Auseinandersetzung um die „richtige" Bildungspolitik
stellt eher die parteipolitische Profilierung an erste Stelle, anstatt
Kinder einfach begleitend (weiter)entwickeln zu lassen.

Interessante Fragen, die im Zuge der Diskussion nur unzureichend beantwortet werden können, lauten:

● Ist ein programmiertes Spielangebot mit dem Ziel, einen bewusst
verwertbaren Lernzuwachs zu erreichen, nicht ein bloßes

didaktisch-methodisches Programmangebot im herkömmlichen Sinne?

- Hat ein Kind nur deshalb schlecht gespielt, weil es eben nicht verwertbares, reproduzierbares und auf diverse Fähigkeiten und Fertigkeiten aufbaufähiges Wissen erworben hat?
- Ist jeglicher Lernzuwachs zum Scheitern verurteilt, bloß weil er nicht spielerisch vermittelt wurde bzw. werden kann?

Mit der an sich nicht akzeptierbaren Überfrachtung des Spielbegriffs wird dem kindlichen Spiel im Grunde das genommen, was das Spiel eigentlich ausmachen soll, nämlich:

Spielen um des Spielens willen!

Und genau das ist leider bei einer derartigen Überfrachtung des Spielbegriffes, wie wir es heutzutage erleben müssen, nicht mehr drin!

Selbstverständlich darf nicht vergessen werden, dass der Mensch in eine Gesellschaft hineinwächst, die er letztlich mittragen, mitgestalten und weiterentwickeln soll. Keine Frage, dass hierzu alle Anstrengungen unternommen werden sollen, den Menschen die besten und umfassendsten Voraussetzungen mitgeben zu können. Und in einer sich immer weiter ausdifferenzierenden, stetig mehr Wissen kumulierenden und zudem plural und global sich verstehenden Gesellschaft wird der Anspruch sicher nicht weniger werden dürfen.

Dennoch sind diese Bestrebungen nicht dahingehend zu missbrauchen, dass man das **Eigenrecht des Kindes am Kindsein** und des kindlichen Spiels ignoriert. Man muss aber auch nicht wieder das mit dem Namen Ellen Key verbundene vielbeschworene „Jahrhundert des Kindes" neu auflegen, um dieses Eigenrecht zu reformieren. Es würden vielfach schon reichen, wenn man Kinder, um des Spielens willen spielen ließe. Wenn nicht, müsste die Maxime des spielerischen Lernens dann nämlich eine völlig andere Zielrichtung haben als die bisher funktionale, nämlich eine offene und ohne verwertbare Inhalte ausgerichtete!

2. Lernen und nicht spielen

Eine ernsthafte Auseinandersetzung mit reproduzierbaren und nicht nur auf spezifische Alltagssituationen beziehbaren Inhalten kann nicht über das Spiel erfolgen. Lernen in Institutionen ist geprägt davon, dass bestimmte und für verbindlich gehaltene Lerninhalte systematisch und überprüfbar vermittelt und angeeignet werden sollen. Dass der vielfach zitierte Spruch des griechischen Philosophen Seneca (4 v.-65 n.Chr.), „nicht für das Leben lernen wir, sondern für die Schule", hier nur eine fortwährend pädagogisch schwach interpretierte Platitude darstellt, wird von Hermann Giesecke in seinem Werk „Pädagogische Illusionen" (1998, 40) mehr als deutlich und eindrücklich illustriert. Für ihn ist nämlich konstruktiver

> „Unterricht ... ein künstliches Arrangement, das nicht aus dem Alltagsleben von selbst erwächst; er geschieht immer in Distanz zum sonstigen Leben, für dessen Bewältigung er andererseits gebraucht wird. Der Grundschüler wie der Manager verlassen ihr normales Leben, um sich unterrichten zu lassen, und kehren danach wieder in dieses zurück. Das Leben selbst lehrt zwar Vieles und Wichtiges, aber es unterrichtet nicht. So gesehen ist Unterricht eine geniale kulturelle Erfindung, weil er uns ermöglicht, die Unmittelbarkeit unserer Existenz zu überschreiten und für noch unbekannte spätere Verwendungssituationen auf Vorrat zu lernen. Was dagegen das Leben lehrt, bleibt von sich aus fixiert an die Unmittel-

barkeit der jeweiligen Situation. Das merken wir nur deshalb in unserem Alltag nicht, weil wir durch Unterricht die Fähigkeit erworben haben, das, was wir unmittelbar erfahren und erleben, zu systematisieren und zu verallgemeinern und es uns dadurch für weitere Verwendungen nutzbar zu machen."

Fazit: Ohne Frage kann hier das Spiel, insbesondere in sozialpädagogischen Einrichtungen, als eine unter vielen Methoden punktuell genutzt werden. Jedoch verhält es sich wie mit anderen Methoden im Unterricht, mit denen Schüler schon fast methodenresistent unterrichtet werden: **Die Anstrengungen des Lernens muss der jeweilige Schüler letztendlich selbst aufbringen.** Das erfordert in der Tat Disziplin, Konzentrationsfähigkeit, Leistungsbereitschaft und tatsächlich die Bereitschaft, sich unterrichten zu lassen. Blickt man darüber hinaus in unsere Schulen, wird man auch feststellen können, dass es nicht selten an diesen elementaren Einstellungen und Voraussetzungen fehlt.
Spielerisches Lernen ist dann mit Sicherheit kein Schlüssel zum Erfolg und schon gar kein Zauberwort für ein Lernen ohne Anstrengung!

> Immer, wenn man die Meinung der Mehrheit teilt, ist es Zeit, sich zu besinnen. (Mark Twain)

Irrtum III: Pädagogisierung – das verdeckte Schlüsselwort unserer Zeit

Alle Bereiche des menschlichen Lebens sollen derart genormt sein, dass dem Menschen nicht nur klar ist, wie er sich in diesen Lebensbereichen verhalten soll, sondern sich auch gemütlich zurücklehnen kann mit dem Vermerk „Die machen das schon". Wo kein Verbotsschild steht, wird alles als pauschales Erlaubnis interpretiert. Wo keine Verhaltensregeln erlassen worden sind, werden uneingeschränkte Rechte abgeleitet. Wozu das führt, sieht man täglich in der Jurisprudenz und in der Politik.

1. Die schleichende Pädagogisierung der Menschen

Menschen wollen eigentlich keine Regelungen, welche die persönliche Freiheit einschränken. Trotzdem brauchen Menschen, die in einer sozialen Gemeinschaft leben wollen, eine nicht unbedeutende Anzahl an Verhaltensregeln. Wenn Menschen so etwas wie sozial vereinbarte Gewohnheitsregeln hätten, bräuchte man keine aufzuschreiben. Weil der einzelne aber immer dann nach Regeln aufschreit, wenn andere Menschen das persönliche Regelverständnis und seinen persönlich definierten Freiraum verletzen, müssen natürlich welche aufgestellt werden. Es gibt deshalb nicht wenige Bestrebungen in der Politik, Vorgaben und detaillierte Regelungen für das zwischenmenschliche Zusammenleben zu erlassen. So zum Beispiel mit dem Bürgerlichen Gesetzbuch (BGB), dem Strafgesetzbuch, der Straßenverkehrsordnung und den gesetzlichen wie gewerkschaftlichen Regelungen in Bezug auf das Arbeitsleben.

Positiv ausgedrückt, sind diese Regelungen eine Übereinkunft in Form von Spielregeln, wie man sich in bestimmten Situationen und Teilbereichen unserer Gesellschaft zu verhalten hat. Es entlastet den einzelnen Beteiligten im Alltag, permanent neu zu diskutieren, zu verhandeln und Kompromisse finden zu müssen. Soweit so gut!

Inzwischen ist man jedoch schon so weit gekommen, nicht nur national und europäisch, sondern teilweise schon weltweit Regelungen zu vereinbaren, was jeweils im Austausch und in der Zusammenarbeit miteinander zu gelten hat – beispielsweise im Zusammenhang mit Patentrechten, mit der jeweiligen Steuergesetzgebung im Hinblick auf Einfuhr- und Ausfuhrsteuern, Vereinbarungen im Weltsicherheitsrat etc..

Man sieht an diesen Beispielen anschaulich und eindrücklich die soziologischen Erkenntnisse in Anwendung, wonach Menschen und insbesondere eine Gesellschaft Regelungen förmlich einfordern.

Einerseits jedoch sollen diese vereinbarten Regelungen nach unserem Rechtsverständnis so allgemein wie möglich gehalten werden, damit sie auf eine Vielzahl von Einzelfällen angewendet werden können. Andererseits ist der Ruf nach möglichst genauen Regelungen unverkennbar festzustellen.

Ein profanes Beispiel ist der im BGB befindliche Grenzbaumparagraf. Dieser Paragraf (§ 923 BGB) besagt schlicht Folgendes: „Steht auf der Grenze ein Baum, so gebühren die Früchte und, wenn der Baum gefällt wird, auch der Baum den Nachbarn zu gleichen Teilen."

Ach! Hätte man das auch nicht selbst entdecken und regeln können? Offenkundig nicht, sonst hätte der Gesetzgeber nicht reagieren müssen – dennoch ein beeindruckendes Kleinod mangelnder Kommunikations- und Konfliktlösungsfähigkeit sondergleichen.

Das wäre jedoch nicht so dramatisch. Erschreckender ist vielmehr, dass sich diese auf die Jurisprudenz abgewälzte Unfähigkeit noch dahingehend steigern lässt, indem nicht einmal mehr die von Gerichten ergangenen

Urteile verstanden werden können. Und dabei heißt es doch: „Im Namen des Volkes!" Doch wie viele Bildungsbürger bitteschön können ein im Namen des Volkes ergangenes Urteil schon lesen, geschweige denn verstehen? Der Ruf nach einfach gefassten, im Stil einer großen Boulevardzeitung kurz formulierten Sätzen wird in diesem Zusammenhang immer vehementer.

Ähnlich verhält es sich mit Lebensmitteln. Die Forderung nach immer mehr Vielfalt und Abwechslung auf dem Speiseplan bedingt ohne Frage auch die lebensmitteltechnologisch der modernen Zeit angepassten Produktionsmethoden. Von Farbstoffen, Geschmacksverstärkern, Bindemitteln bis hin zu Vitaminzugaben und diversen Zuckervariationen ist alles drin.

An und für sich kann man davon ausgehen, dass ein mündiger, aufgeklärter und gebildeter Mensch selbst in der Lage ist, abzuschätzen und einzuordnen, was er sich jeweils in den Einkaufswagen packt und zu Hause verzehrt.

Weit gefehlt: Gerade hier wird von einigen politischen Akteuren entschlossen gefordert, die **Lebensmittel mit sogenannten Ampelsymbolen auszustatten**. Grün soll dabei Unbedenklichkeit (= gut und gesund) symbolisieren, rot hingegen äußerste Bedenklichkeit, sprich schlecht oder ungesund!

Das Fatale daran ist nur, dass hier nicht die Forderung verstärkt aufgegriffen wird, den **Menschen** in die Lage zu versetzen, chemische und ernährungsphysiologische Zusammenhänge verstehen zu können, sondern **im Sinne eines einfachen „Schwarz-Weiß-Denkens" zu entmündigen und** teilweise sogar **zu manipulieren.**

Getreu der Devise: Wenn die Werbung manipulieren darf, dürfen Interessenverbände und Politiker in „redlicher Uneigennützigkeit" das ebenso. Eine erschreckende Entwicklung, würde man die sich daraus ergebenden Szenarien weiterdenken.

In Anlehnung an Hermann Gieseke könnte man hier durchaus von einer eigentlich nicht wünschenswerten Pädagogisierung der Gesellschaft sprechen.

Was wären allerdings die Alternativen?

Den Bildungslevel der Menschen derart anzuheben, dass sie sich in den komplexen und stetig sich ausdifferenzierenden und anspruchsvoller werdenden Bereichen des wirtschaftlichen, technischen und gesellschaftlichen Lebens souverän bewegen können.

Oder den Menschen durch politische, rechtliche und soziale Vorgaben derart einzuschränken, dass eine qualifizierte Auseinandersetzung mit den Erfordernissen des 21. Jahrhunderts ausbleiben kann. Da kann man nur wünschen, dass diejenigen, die diese Vorgaben hoffentlich altruistisch

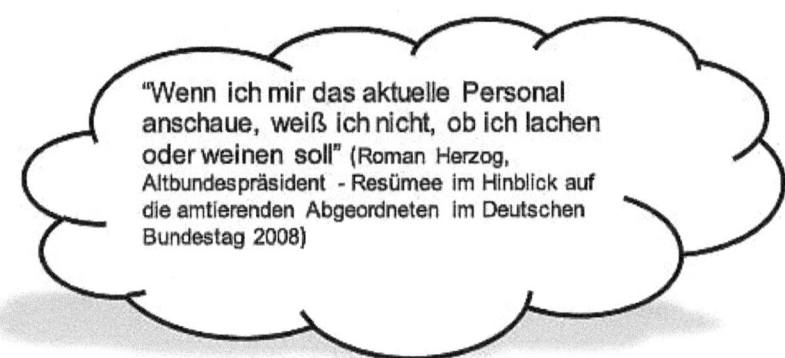

"Wenn ich mir das aktuelle Personal anschaue, weiß ich nicht, ob ich lachen oder weinen soll" (Roman Herzog, Altbundespräsident - Resümee im Hinblick auf die amtierenden Abgeordneten im Deutschen Bundestag 2008)

ausarbeiten, ein hohes Maß an fachlicher, moralischer und ethischer Intelligenz besitzen. Ansonsten sind die Folgen nicht auszudenken.

Im Bereich der pädagogischen Arbeit kann man schon seit Längerem immer wieder feststellen, dass die Formulierung von und Ausrichtung auf Zielsetzungen der Arbeit nicht immer zum bewussten Repertoire der Erzieher, Pädagogen und Politiker gehören.

Da schafft man beiläufig per Erlass und Verordnung de facto das Sitzen-bleiben ab, hält Verhaltensnoten nicht mehr für justiziabel, räumt (unendli-che) Mehrfachchancen zur Erlangung höherer Bildungsabschlüsse ein, setzt auf pädagogische Prozesse statt auf Leistungsergebnisse und attestiert unter Zuhilfenahme des Arguments „hat sich ja ohne Frage bemüht" noch ausreichende Leistungen zur Erlangung des Abschlusses. Gemäß dem Motto: Soll sich die nächste „Bildungseinrichtung" damit auseinandersetzen.

Man könne andererseits auch auf die Idee kommen, zu glauben, dass die ganze Diskussion und die daraus resultierenden bildungspolitischen Entscheidungen darauf basieren, nach Möglichkeit den Intellekt und die Kompetenzen im Zusammenhang mit Bildung der Menschen (un)willentlich zu beschränken. Getreu der Parole: Sollen sich die Schüler ruhig auf dem pädagogischem „Geplänkel" der staatlichen Schulen ausruhen. Diejenigen, die mehr erwarten, können und werden auch mehr an anderen (privaten) Schulen bezahlen. Dann wird Bildung im Sinne des marktwirtschaftlichen Prinzips immer teurer und nur für diese Menschen finanzierbar, die sich das auch materiell wie zeitlich leisten können. Nebenbei bemerkt wurde in diesem Zusammenhang nicht umsonst das Thema „Eliteschule" und „Elitehochschulen" kontrovers diskutiert.
Und wer Bildung (Wissen) darüber hat, hat bekanntermaßen auch Macht. Und welcher Politiker ist nicht an Macht interessiert und versteht machterhaltende Strukturen und Mechanismen für sich zu nutzen?
Und gerade der Bildungssektor ist prädestiniert für die Installation von nutzbaren Strukturen: Wenn nur noch einseitig fachlich spezialisierte Absolventen von Bildungseinrichtungen ohne breite, fundierte und kritische Allgemeinbildung entlassen werden, bleibt naheliegend zu spekulie-

ren, ob nicht solche Menschen sicherlich etwas empfänglicher für rhetorisch geschickt verpackte parteipolitische Auffassungen sind, als Menschen mit fundierter Allgemeinbildung und umfassend kritisch ausgebildetem Sachverstand. Die Reduktion von Inhalten, die vermeintlich unnötiges Wissen enthalten, aus Gründen des Opportunismus und der Eigendynamik des Zeitgeistes einfach zu etablieren, ist mit Sicherheit nicht der Weisheit letzter Schluss. **Differenziertes und fundiertes Wissen erfordert eine zeitaufwändige Pro- und Contra-Diskussion zur jeweiligen Thematik. Wird dieses Procedere zugunsten vorgefertigter, opportuner Meinungen reduziert, ist weder dem einzelnen Menschen noch der Gesellschaft geholfen.**

2. Gebastelt und gebildet

Nicht selten hört man gleichermaßen aus verschiedenen Kreisen, dass die Bildung praxisnah sein soll. In der Tat sind die Bildungsinhalte im Hinblick auf die Forderungen der Wirtschaft und Gesellschaft auszurichten, jedoch wäre es fatal, anzunehmen, dass sich Bildung ausschließlich auf diese Aufgabe zu konzentrieren hat. Bildung hat auch eine nicht unwesentliche Funktion, den Menschen zu einer selbstbestimmten, freien und mündigen Individualität zu verhelfen. Dieses wird in der Pädagogik im Allgemeinen als Personalisation bezeichnet.

Deshalb muss es möglich sein, gleichwertig und gleichberechtigt neben den unmittelbar nutzbaren Bildungsinhalten auch **formale Bildungsinhalte** anzulegen. Hier wird man sicher nicht immer den **Praxisbezug** erkennen können. **Dieser erschließt sich jedoch, wenn der „Mensch in den Bildungszusammenhang" derart eingetaucht ist, dass er sich letztlich persönlich weiterentwickelt, auf höherem Niveau auch in konkreten Lebenszusammenhängen praxisnah bewegen kann.**

Die Komplexität unserer Zivilisation ist dermaßen ausdifferenziert, dass eine bloße Reduktion und Konzentration auf einige wenige, für den einzelnen Menschen noch verstehbare praxisbezogene Inhalte an sich einer Kapitulationserklärung der Bildung gleichkommt.

Wenn der Berufsbildungsbericht 2010 die Forderung formuliert, dass die Strukturen an den weiterführenden Bildungseinrichtungen und Hochschulen derart angepasst werden müssen, dass sich auch berufs- und praxiserfahrene Menschen weiterbilden können, klingt das schon verdächtig nach einer Forderung, sich lediglich im Sinne von Jean Piaget auf zurückführbare Assimilationsprozesse bei sich weiterbildenden Menschen zu beschränken. Studierfähig oder nicht studierfähig scheint wohl in diesem Zusammenhang keine besondere Frage mehr zu sein, da offenkundig jeder irgendwie die Fähigkeit attestiert bekommt, studieren zu können. Oder lautet das Losungswort zur Erlangung der Hochschulzugangsberechtigung neuerdings wie folgt „Probieren geht über Studieren"? Und mit besonderem Augenmerk auf die ökonomischen Verflechtungen darf hier auch nicht verschwiegen werden, dass es den Hochschulen ohne Frage auch um eine Menge Geld geht, die ein Student für die jeweilige Hochschule einspielt. Teilweise werden Beträge in Höhe von 26.000 Euro pro Studienplatz gehandelt, was eine nur auf Inhalte und Bildungsideale bezogene Auseinandersetzung zusätzlich erschwert.

Die **Auseinandersetzung zwischen induktivem und deduktivem Vorgehen** lässt sich eben nicht zulasten des jeweiligen anderen Begriffes auflösen.

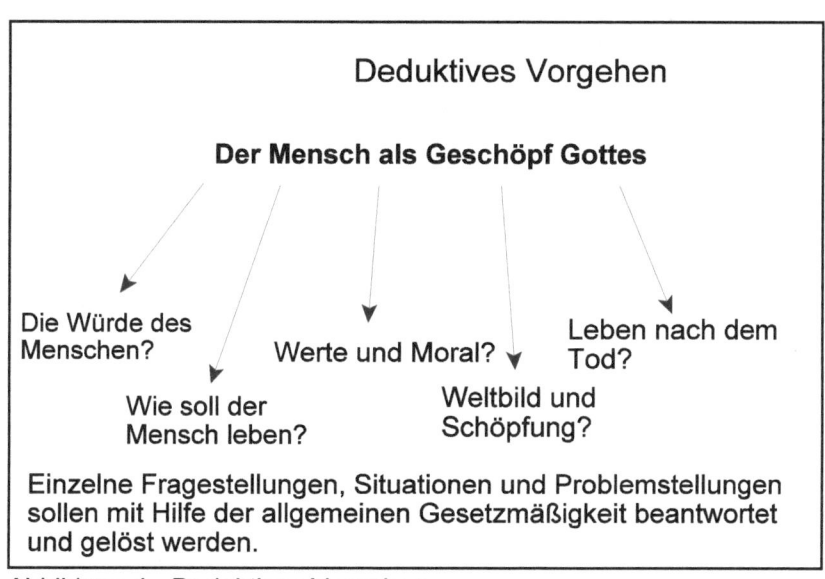

Deduktives Vorgehen

Der Mensch als Geschöpf Gottes

Die Würde des Menschen?

Werte und Moral?

Leben nach dem Tod?

Wie soll der Mensch leben?

Weltbild und Schöpfung?

Einzelne Fragestellungen, Situationen und Problemstellungen sollen mit Hilfe der allgemeinen Gesetzmäßigkeit beantwortet und gelöst werden.

Abbildung 4 - Deduktives Vorgehen

Beide Begriffe und Vorgehensweisen haben uneingeschränkt die gleiche Berechtigung und müssen in jedem Fall auch zu gleichen Anteilen im Bildungsprozess zu finden sein. Also, erst einmal aus verschiedenen Bereichen viel Wissen sammeln und dann mit den ebenfalls erworbenen vielfältigen analytischen Fähigkeiten auseinander nehmen. Das bedingt, um es nochmals deutlich herauszustellen, sowohl eine solide formale wie materiale Vorbildung als auch die Fähigkeit, auf dem noch für konsensfähig betrachtetem Abiturniveau auf Hochschulebene konstruktiv weitermachen zu können.

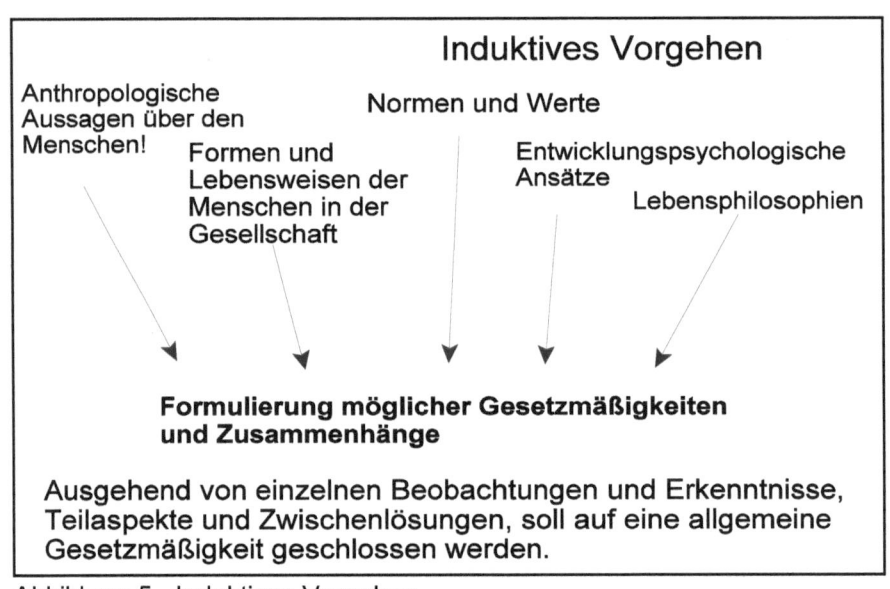

Induktives Vorgehen

Anthropologische Aussagen über den Menschen!

Normen und Werte

Formen und Lebensweisen der Menschen in der Gesellschaft

Entwicklungspsychologische Ansätze

Lebensphilosophien

Formulierung möglicher Gesetzmäßigkeiten und Zusammenhänge

Ausgehend von einzelnen Beobachtungen und Erkenntnisse, Teilaspekte und Zwischenlösungen, soll auf eine allgemeine Gesetzmäßigkeit geschlossen werden.

Abbildung 5 - Induktives Vorgehen

Sollten es nur organisatorische Gründe sein, die dieser Zielgruppe ein Studium verwehren, müssten die tatsächlich geändert werden.

Wenn es hingegen inhaltliche bzw. Qualifikationsgründe sind, die ein Studium verwehren, wäre man schlecht beraten, allen Interessenten gleichermaßen den Hochschulzugang zu gewähren. Aus dem differenzierten Angebot möglicher Schulen sollten diese Menschen zur Erlangung des Abiturs das für sie realisierbare heraussuchen – ohne Abstriche der Qualität versteht sich, denn mit einem Discountabitur ist, wie gesagt, niemandem geholfen.

3. Materiale und formale Bildung

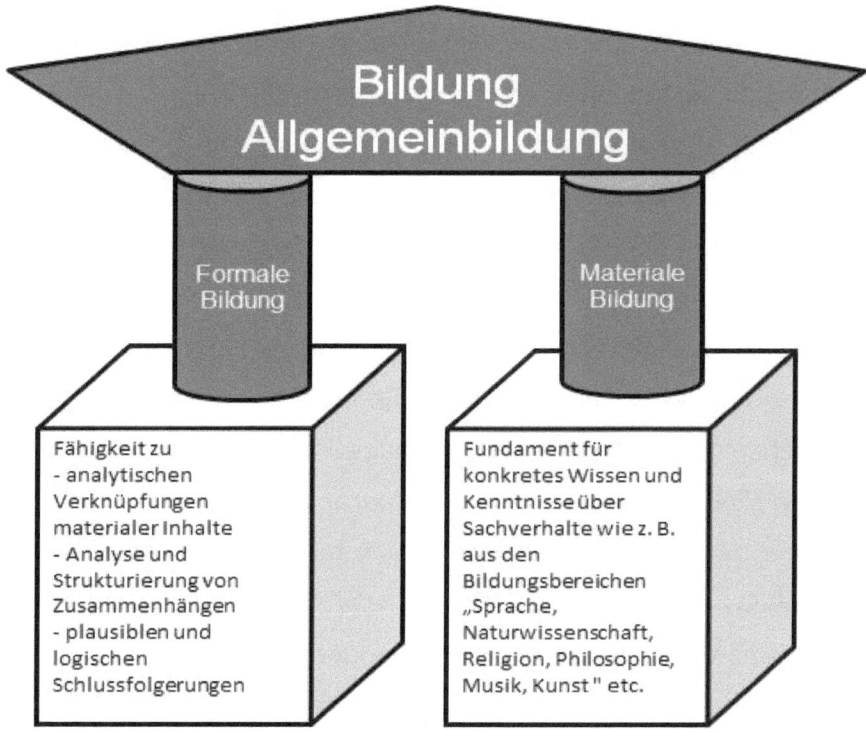

Abbildung 6 - Materiale und formale Bildung

Die Auseinandersetzung mit materialen Inhalten setzt auch immer voraus, dass man ebenfalls den Grad der formalen Bildung steigert. Eine bloße Ansammlung materialer Bildungsinhalte, so beeindruckend wie das auch immer sein mag, reicht schlichtweg nicht aus, um einen einigermaßen soliden Begriff von Bildung zu prägen.

Beispielhaft könnte man hier auch den Zusammenhang von Empirik und Geisteswissenschaft herausstellen. Lediglich statistische Daten zu sammeln, wäre insoweit nutzlos, wenn man nicht aufgrund des analytischen Vorwissens in der Lage wäre, diese Daten umfassend und plausibel in Beziehung zu setzen, sprich fachlich zu interpretieren.

Je höher der Abstraktionsgrad und umfassender das materiale Wissen, desto fundierter wird sicherlich das vorläufige Ergebnis ausfallen!

An dieser Stelle könnte man aus den auf dem pädagogischen Markt befindlichen konstruktivistischen Theorien vielleicht noch den kommunikationstheoretischen Konstruktivismus herausheben, um ihm einen gewissen Anteil diesbezüglich zuzubilligen. Zu mehr dürfte es aber dann nicht mehr reichen. Obwohl man durchweg zugeben muss, dass die konstruktivistischen Einflüsse in verschiedenen therapeutischen, sozialpsychologischen und pädagogischen Theorien sich mit einer gewissen Selbstverständlichkeit breit gemacht haben. Wissenschaftlich durchdringen können es jedoch die wenigsten der sog. „Anwender"!

Es kann, wie schon gesagt, einer Gesellschaft eigentlich nicht egal sein, wie mit dem über Jahre und Jahrhunderte lang gesammelten Wissens umgegangen werden soll und welche formalen Schlussfolgerungen für die Weiterentwicklung der Gesellschaft verantwortlich waren. **Diese „Produkte" der Zivilisation gilt es, erst einmal zur Kenntnis zu nehmen. Oder in Anlehnung an den Philosophen Odo Marquard noch prägnanter ausgedrückt: Wer seine Geschichte nicht kennt, der kann auch seine Zukunft nicht gestalten.**

Das gesammelte Wissen ist also unabdingbar als Basis des schulisch zu vermittelnden Wissens anzusehen. Alles andere käme einer pädagogischen Kapitulation gleich, selbst wenn die exemplarische Auseinandersetzung mit Schlüsselproblemen unserer Gesellschaft durchaus als Einstiegsmöglichkeit genutzt werden kann.

Nur darauf aufbauend, kann Bildung nämlich als Befreiung des Menschen aus seiner selbst verschuldeten Abhängigkeit verstanden werden. Und so paradox es wohl klingen mag: Erst dann entfaltet die so gewonnene Autonomie ihr Potenzial derart, dass auch eine Weiterentwicklung der Gesellschaft ermöglicht werden kann.

Man denke hier an bedeutende Personen der jüngeren Geschichte: Martin Luther, Reformator seines gleichen, Augustiner Pater Gregor Johann Mendel mit der Entdeckung der sog. „Mendel'schen Vererbungsgesetze", Thomas Alva Edison, Immanuel Kant und der mit seiner genialen Relativitätstheorie in die Physikgeschichte eingegangene Albert Einstein, um nur einige zu nennen.

Natürlich kann man darüber diskutieren, wie dieses Aneignen, Erschließen und Vermitteln von materialen und formalen Bildungsinhalten geschehen soll. Ob ein exemplarisches Eintauchen in bildungsrelevante Lebenszusammenhänge, wie es Karl-Ernst Nipkow skizziert hat, oder durch sukzessives Heranführen und Vermitteln obligatorischer Bildungsbereiche und deren für verbindlich erklärter Bildungsinhalte.

Fakt bleibt aber: Ein im Sinne des deutschen Idealismus sich selbst über-lassener Mensch, der mit der Aufgabe, Konstrukteur seiner selbst und seiner Bildung zu sein, ausgestattet wird, dürfte in einer immer komplexer, ausdifferenzierter und ständig mehr Wissen und Kompetenzen abver-langenden Zivilisation keine Perspektive haben – zumindest was die Qualität betrifft.

Ein sich selbst überlassener Mensch würde einer Kapitulationserklärung der Pädagogen gleichkommen, welche gleichzeitig ein damit impliziertes Eingeständnis mangelnder pädagogischer Kompetenzen ratifizieren.
Im Ergebnis kann das nur eine Erklärung sein, welche die Selbstbildungs-fähigkeit des heranwachsenden Menschen zur pädagogischen Universal-kompetenz des 21. Jahrhunderts erhebt.

4. Allgemeinbildung und Berufsbildung

Mit der in der Geschichte der Pädagogik von Kerschensteiner indirekt aufgeworfenen Frage, ob denn das praktische Tun mittels „Berufsbildung" und „manueller Arbeit" tatsächlich so viel Allgemeinbildung vermitteln kann, dass eine Überakzentuierung der intellektuellen Bildung vernachlässigt werden kann, ist man heutzutage scheinbar immer noch beschäftigt. Zumindest kann man zu diesem Punkt festhalten, dass eine fundierte intellektuell ausgerichtete Allgemeinbildung für nicht wenige Berufe unerlässlich ist. Auch hier wäre es grob fahrlässig, zumindest wenn man sich ernsthaft damit konfrontiert, auf grundlegende Fähigkeiten und Fertigkeiten, sprich intellektuelle wie praktische Kompetenzen großzügig verzichten zu wollen.

Nehmen wir einmal als Beispiel eine Fabrik an, in der etliche Fließbandarbeiter täglich ihrer Arbeit nachgehen. Die Arbeit ist an die Geschwindigkeit des Fließbandes gekoppelt, die Arbeitsabläufe werden routiniert und mit empfundener Monotonie abgewickelt.
Nun ist da jemand, der sich überlegt, wie man diese Arbeitsabläufe rationalisieren und automatisieren kann. Dazu konstruiert, kalkuliert und entwickelt er eine computergesteuerte Produktionsstraße, die fast ausschließlich von Industrierobotern besetzt sein soll. Das erfordert nicht nur fundierte Kenntnisse der höheren Mathematik, sondern auch Steuerungstechnik, Verfahrenstechnik, Programmie-

ren von Computerprogrammen, die Fähigkeit zu Kosten-Nutzen-Analysen und diverse weitere Qualifikationen.

Folge: Die Arbeitnehmer am Fließband werden von Robotern ersetzt, die Produktivität des Betriebes steigt, und der Entwickler der automatisierten Produktionsstraße erhält ein ordentliches Salär für seine Arbeit. Sofern die nun freigesetzten Fließbandarbeiter in der Lage sind aufgrund ihres technischen Wissens und ihrer Vorbildung die Überwachung der Produktionsstraße zu übernehmen, werden sie in dem Betrieb weiter beschäftigt werden können.

Welche Arbeit wird nun für den Betrieb und den Produktionsprozess wertvoller gewesen sein: Die des Entwicklers oder die des Fließbandarbeiters?

Die Antwort dürfte klar sein: Natürlich die Arbeit des Entwicklers.

Das bedeutet in der Konsequenz, dass eine gehörige Portion intellektuelles Wissen, sowohl materieller als auch formaler Art, bereits vorhanden sein muss, damit überhaupt ein derartiges Projekt realistisch angegangen werden kann.

Ein anderes Beispiel aus dem Einzelhandel: Nicht wenige Arbeitgeber beklagen, dass die Schulabgänger weder in der Lage sind, sich schriftlich wie mündlich einigermaßen auszudrücken noch mit dem jeweiligen Schulabschluss vorausgesetzte mathematische Fähigkeiten besitzen. Die Ansicht von Bewerbern für die Tätigkeit als Kassiererin, dass man doch nur die Waren über den Scanner zu ziehen und das Geld zu kassieren hätte und deshalb nicht unbedingt mathematische Kenntnisse bräuchte, führt bei vielen Personalchefs nur zu Kopfschütteln. Natürlich sollten Kassiererinnen überschlägig kalkulieren können, ob das von der Kasse ausgeworfene Ergebnis überhaupt einigermaßen realistisch sein kann. Wenn jemand noch nicht einmal das Einmaleins reproduzieren kann, so wird er auch bei der praktischen Arbeit kaum in der Lage sein, diese Lücken zu kompensieren.

Und nun stelle man sich das Ganze im Zusammenhang mit den komplexen Vorgängen unserer modernen Gesellschaft vor. Jemand, der aufgrund mangelnder Vorbildung nicht mehr in der Lage ist, die abstrakten und vielschichtigen Zusammenhänge unserer Zivilisation zu begreifen, der wird auch kaum die Möglichkeiten einer qualifizierten Mitgestaltung und Übernahme von Verantwortung nutzen können.

Fazit: Eine Gesellschaft, welche ein zwischenmenschliches Zusammenleben nur gewährleisten kann, indem sie die in ihr lebenden Menschen mittels Pädagogisierung entmündigt, verabschiedet sich von einer qualitativen Weiterentwicklung der Zivilisation. Eine subtile Art von Pädagogisierung, die mittels Vereinfachung vielfältiger Lebensbereiche den Menschen im alltäglichen Leben entlasten soll, ist zwar möglicherweise gut gemeint. Jedoch wird man trotzdem nicht darum herum kommen, den Menschen dahingehend zu fordern, sich der Komplexität unserer Zivilisation stellen und bilden zu wollen. Ohne fundiert und differenziert vermittelte Bildungsinhalte werden diese Bildungsbestrebungen nicht umgesetzt werden können, was wiederum kognitive Fähigkeiten voraussetzt. Zudem benötigt dieses Bildungsprocedere Zeit und Ausdauer aller Beteiligten. Und genau das sollte bei allen Bildungsbestrebungen berücksichtigt werden. Konstruktivistisch verstandene Selbstbildungsprozesse dürften hier wenig hilfreich sein.

> Jeder ist ein Mond und hat eine dunkle
> Seite, die er niemandem zeigt. (Mark Twain)

Irrtum IV: Reformpädagogische Ableger als Garant für optimale Bildung – Partizipation, Projektarbeit & Co

Ausschlaggebender ist doch stets das Motiv einer Entscheidung.

In Anlehnung an die Weber'sche Aufteilung nach Gesinnungsethik und Verantwortungsethik findet sich in etlichen pädagogischen Broschüren, Konzeptionen und Ratgebern das pädagogische Menschenbild von Loris Malaguzzi wieder, der sich als Begleiter der Reggio-Pädagogik einen Namen gemacht hat. Hiernach sollen sich Kinder selbst bilden können, sofern man sie liebevoll, verständnisvoll und emotional stützend begleitet. Diese Haltung entspricht sicherlich der für Pädagogen und Erzieherinnen nicht fremden Grundhaltung eines „Alles-Wird-Gut-Prinzips" im Sinne des von Maria Montessori unterstellten inneren Bauplanes des Kindes. Und dass dieser als Optimismus verkleidete pädagogische Pessimismus nicht ausschließlich das Novum für eine professionelle Arbeit darstellt, sollte jedem fachlich gebildeten Erzieher bekannt sein.

„Müssen wir heute wieder das tun, was wir wollen?" Dieser Spruch eines Kindes, den man mit der antiautoritären, teils laissez-faire verstandenen Erziehungsepoche in Verbindung bringt, enthält doch einen kindlich flehenden Appell an die befragte Erzieherin, sich doch endlich um die Kinder aktiv zu bemühen. Das Motiv der Erzieherin war doch nachvollziehbar: Die Kinder sollten ihren Tagesablauf selbst gestalten, ohne Einmischung und Vorgaben der Erwachsenen. Sollte das die pädagogisch professionelle Grundhaltung repräsentieren?

Mit der auf Partizipation begründeten pädagogischen Arbeit verhält es sich ähnlich: Das Motiv ist entscheidend, nicht die Konsequenz und das Ergebnis.
Natürlich kann man sich vornehmen, die eigene pädagogische Arbeit und womöglich auch politische Entscheidungen möglichst partizipatorisch auszurichten. Der fade Beigeschmack bleibt dennoch im Hinblick auf das zu erreichende Ergebnis.

In der Politik gab und gibt es nicht selten die Formulierung der sog. „Freiwilligkeit". Wenn die Unternehmen freiwillig mehr Ausbildungsplätze anbieten, müssen wir (die [Partei-]Politik) keine Gesetze machen, die beispielsweise eine zwangsweise Verpflichtung zur Ausbildung vorsehen. Nun kann man bei diesem Beispiel durchaus sagen, dass „Freiwilligkeit" mit der Drohung, sonst etwas gesetzlich zu regeln, alles andere als Freiwilligkeit dokumentiert.

In der auf Partizipation ausgerichteten Pädagogik formuliert sich das Prinzip nicht anders: Wenn das, was die Gruppe (ggf. der einzelne) vorhat, nicht umsetzbar ist, dann muss schlicht und ergreifend pädagogisch (durch die Erzieherin) umgedacht werden. Ein von Kindern und Jugendlichen geplanter und vorgeschlagener Spielplatz, der sowohl bautechnisch wie finanziell nicht umsetzbar ist, muss im Rahmen der zwangsweise vorliegenden Vorgaben nochmals den Rahmenvorgaben angepasst werden. Die Kinder und Jugendlichen müssen sich also dem vorgegebenen Rahmen fügen und in einem beschränkten Aktionsfeld ihr Vorhaben umsetzen. So gesehen gleicht das einem Fließband in einer Produktionshalle für Autos, in der man sich lediglich entscheiden kann, ob man die Vorderreifen oder die Hinterreifen montieren möchte, sofern nicht ohnehin ein Roboter diese Arbeit abnimmt und der Mitarbeiter lediglich die Überwachung der Anlage zu leisten hat. Blickt man hierzu einmal exemplarisch in den § 47 f. der Gemeindeordnung für Schleswig-Holstein in Bezug auf die Beteiligung von Kindern und Jugendlichen, wird der zuvor skizzierte Zusammenhang bestätigt.

„(1) Die Gemeinde muss bei Planungen und Vorhaben, die die Interessen von Kindern und Jugendlichen berühren, diese in angemessener Weise beteiligen. Hierzu muss die Gemeinde über die Beteiligung der Einwohnerinnen und Einwohner (...) geeignete Verfahren entwickeln.
(2) Bei der Durchführung von Planungen und Vorhaben, die die Interessen von Kindern und Jugendlichen berühren, muss die Gemeinde in geeigneter Weise darlegen, wie sie diese Interessen berücksichtigt und die Beteiligung nach Absatz 1 durchgeführt hat."

Dass hierbei die Begriffe „in angemessener und in geeigneter Weise"
interpretierbare Vokabeln sind, dürfte einleuchten.

Übersetzt könnte man sagen: Taktisch beteiligt, strategisch jedoch außen
vor gelassen.

Andererseits kann man in diesem Zusammenhang auch entdecken, dass
gerade die besondere Empfänglichkeit der Kinder und Jugendlichen für
Angebote von Erwachsenen und Gruppen eine nicht unbedeutende Rolle
spielt. Interessanterweise verstehen sich hier auch einige politische Mei-
nungsbildner und Gruppen sehr geschickt, den noch auf der Suche und in
der Entwicklung befindlichen Jugendlichen für ihre Auffassungen zu
gewinnen.

Damit bekommt der Begriff „Partizipation" eher eine „parteipolitische" als
eine pädagogische Bedeutung. Und hierzu merkt Michael Winterhoff zu
Recht an, dass Kinder als „Heilsbringer" parlamentarischer und verbands-
politischer Meinungsbildungsprozesse in einer mit dem Etikett „modern"
bezeichneten Gesellschaft an sich von Pädagogen parteipolitisch wie
marktwirtschaftlich missbraucht werden. Sie werden in Rollen hineinge-
drängt, für die sie aufgrund ihrer psychischen Dispositionen eigentlich
nicht geeignet sind.

**Und das passiert in der letzten Zeit recht häufig: Interessenverbände,
welche Kinder für ihre verbandspolitischen Ziele instrumentalisieren
bis hin zu parteipolitischen Inszenierungen, die mit Kindern als**

Aushängeschild und vorgeschobenem Alibi gesellschaftliche Meinungs- und Stimmungsbildung provozieren.

Selbst wenn man in Bezug auf die Rechtsstellung des Kindes in der Gesellschaft durchaus festhalten muss, dass rechtliche Mündigkeit und Verantwortlichkeit mit zunehmendem Maße auch praktisch vermittelt werden soll, ist eine politische Instrumentalisierung von einer verantwortungsvollen pädagogischen Begleitung zu unterscheiden.

Nichtsdestotrotz könnte man natürlich, um eben das vorgenannte Beispiel der Produktionshalle nochmals aufzugreifen, die ganze Produktion umstellen, Arbeitsabläufe und Verfahren modifizieren. Jedoch wird ein Betrieb, der ausschließlich mit Probieren und Experimentieren, statt mit Produzieren beschäftigt ist, nicht lange auf dem Markt bestehen. Warum sollte es mit einer Gesellschaft anders sein? Entwicklungsarbeit setzt auch immer die konkrete und verwertbare Umsetzung voraus. So gesehen sind punktuelle, kurzfristig realisierbare und systemfreundliche Verbesserungen und Interventionen sicher die effektiveren Vorgehensweisen.

Und Letzteres wird ja auch in der Erziehung praktiziert. Ein schrittweises und entwicklungs- wie umfeldbezogenes Heranführen an verantwortliches Handeln, das jedoch voraussetzt, dass die Komplexität der Konsequenzen des eigenen Handelns vorausschauend bedacht und berücksichtigt werden kann. Ein Learning-bei-doing-Prinzip ist dabei nicht immer das, was man auch als verantwortlich gegenüber der eigenen Person wie der sozialen Gemeinschaft und politischer Strukturen bezeichnen kann. Wenn man hierzu noch die Erkenntnisse der neuronalen Entwicklung bei Kindern und Jugendlichen ernst nimmt, dann ist es sogar mehr als unverantwortlich, Kinder in ihrer Entwicklung nicht professionell zu begleiten und anzuleiten! Schließlich haben Pädagogen einen nicht zu vernachlässigenden Sozialisationsauftrag, für den die Gesellschaft letztendlich eine Menge Geld investiert.

Bei der ganzen **Partizipationsdiskussion, welche zum Teil zu einer enthusiastisch aufgegriffenen Leitmaxime pädagogisch sinnstiftender Berufsidentität erklärt worden ist,** verhält es sich so, als wäre diese herausgehobene und betonte Programmatik von Erziehung eine besondere.

Natürlich könnte man als sozialpädagogische Einrichtung auch auf die Idee kommen, sich in die Konzeption „wir erziehen gewaltfrei" schreiben zu lassen. Sinn macht das jedoch nicht. Partizipation ist hingegen scheinbar eine ganze Bewegung, die für sich einschlägige Methoden zur Realisierung dieses Begriffes reserviert.

An sich ist Partizipation Bestandteil jeder wohlverstandenen und erst recht professionellen Erziehung. Diese Auffassung zeremonienhaft zur programmatischen pädagogischen „Heiligkeit" zu erheben, ist jedoch mehr als bedenklich.

Partizipation ist ein kleiner Bestandteil eines wohlverstandenen Sozialisationsauftrages. Der Begriff reiht sich ebenbürtig neben den zu erlernenden Kulturtechniken, den ethisch-moralischen Vorgaben und den zu übernehmenden gesellschaftlichen Pflichten in die Aufgaben des Erziehers ein, nämlich das Kind und den Heranwachsenden zu einer mündigen und selbstbewussten Person zu erziehen.

Andererseits sollte man in jeder Hinsicht realisieren, dass zunehmende Verantwortung nicht nur wachsen muss, sondern auch Kompetenzen voraussetzt, die, wie schon erwähnt, nicht immer entwicklungsbezogen automatisch angenommen werden können. So beispielsweise antizipiert

> **Sozialisation** = Begleiten, Vertrautmachen und Hilfen zur **Aneignung der** und mit den **Konventionen, Werten und Normen einer Gesellschaft,** sprich: Erlernen eines sozialen Verhaltens!

§ 36 im Kinder- und Jugendhilfegesetz, dass betroffene Kinder und Jugendliche am zu erstellenden Hilfeplan zu beteiligen sind. Infrage kommende erforderliche und notwendige Hilfen aber grundsätzlich abzulehnen, wird auch hier mit Verweis auf das Kindeswohl nicht unbedingt zur Wahl gestellt.

Demzufolge müssten zuvor materiale und formale Bildungsprozesse vorgeschaltet worden sein, damit konstruktive Partizipation und darauf basierende Projekte überhaupt einen Sinn machen. Und genau das ist eben Aufgabe der Pädagogen in den unterschiedlichen Arbeitsfeldern.

Das mit der Mitbestimmung ist auch so eine Sache. Entweder man besitzt ein fundiertes und umfassendes Wissen und ist in der Lage, eine qualifizierte Erörterung vorzunehmen, oder man bleibt stetig Spielball von Multiplikatoren und politischen Richtungskämpfern. Dann wäre es auch nicht verwunderlich, dass man sich stets stimmungsgeleitet von einer Gruppendynamik mitreißen lässt und bei der bekannten (hier umfunktionierten) historischen Frage „wollt ihr die totale Verblödung" in begeisternde Jubelschreie verfällt. In unserer Zeit übernehmen das unscheinbar die Initiatoren von Demonstrationen, die ebenfalls davon leben, dass es etliche Mitläufer gibt, die auf der Suche nach Sinn und identitätsstiftenden Angeboten sind. In der spätmittelalterlichen und neuzeitlichen Kirchengeschichte waren es die religiös motivierten Inquisitoren, die nach „gut" und „böse" aussortierten. **Heutzutage sind an deren Stelle moderne Formen der Inquisition getreten, die mit einem imaginären ökologischen Scheiterhaufen herumreisen. Sei es ökologisch oder klassenkämpferisch getarnt** – das hier zugrunde liegende gesinnungsethische Prinzip der Inquisition ist in den Grundzügen mit den spätmittelalterlichen Motiven identisch.

Nach PISA wird wohl jeder Pädagoge realisiert haben, dass es durchaus um erreichbare Ziele gehen soll: Mathematische, sprachliche, naturwissenschaftliche, gesellschaftswissenschaftliche Kompetenzen u. dgl. mehr.

Eine didaktisch-methodische Vermittlung dieser Kompetenzen und die konkrete Messbarkeit sollten eine Handlungsmaxime jeglicher Pädagogik darstellen. In diesem Fall sind nämlich derartige Formulierungen wie „der Weg ist das Ziel" pädagogisch ad absurdum geführt und als Nonsens zu qualifizieren.

Andererseits sollte Partizipation nicht nur derart verstanden werden, dass der Einzelne sich grundsätzlich einem allgemeinen Ziel unterzuordnen hat. Partizipation setzt ja schließlich auch die Individualität des einzelnen voraus. Ohne eigenen Willen und das Bewusstsein etwas zu wollen oder nicht zu wollen, ist Partizipation ohnehin nur eine Worthülse.

Betrachtet man zudem den Umstand, wonach Partizipation sowohl über Generationen weitergegebene soziale Strukturen als auch den einzelnen Mensch mit seiner Individualität unabdingbar voraussetzt, befindet man sich wieder in der bekannten pädagogischen Diskussion um Sozialisation und Personalisation. Die hier prominente salomonische Lösung heißt ja erwiesenermaßen, beide Zielsetzungen gleichberechtigt zu verfolgen.

1. Relativer Realismus – aber bitte realistisch relativ

Bei aller Diskussion um die „richtige" Auffassung bildungspolitischer Ausrichtung bleibt doch stets der fade Beigeschmack stehen, dass das für die Entscheidung zugrunde gelegte Menschenbild im Grunde nicht belegt werden kann. Natürlich sollten bildungspolitische Programme und Konzepte zum Ziel haben, jeden Menschen zu befähigen, mit der fundiert erworbenen Kompetenz am politischen, wirtschaftlichen, technischen und sozialen Gemeinwesen teilhaben zu können.

Eine parteipolitische Festlegung eines sog. pädagogischen Optimismus führt in diesem Zusammenhang jedoch nicht sonderlich weiter.

Die hier transportierten wohlgemeinten Absichten und bildungspolitischen Offensiven lassen manchmal vermuten, dass es sich eher um parteipolitische Selbstbestätigungsrituale handelt, als um realistisch umsetzbare Instruktionen im Hinblick auf das Ziel, möglichst alle Schüler zum „Mittleren Bildungsabschluss" bzw. zu einer Hochschulreife zu führen. Eine derart behavioristische Programmatik sollte eigentlich seit Watson der Vergangenheit angehören.

Abbildung 7 - Der Nürnberger Trichter

Dessen ungeachtet sollten pessimistische Auffassungen, wonach es einem Schüler mit bildungsfernem Elternhaus oder Migrationshintergrund nicht möglich sein sollte, nicht nur eine Hochschulreife zu erwerben, sondern auch studieren zu können, neben den anthropologischen Gesichtspunkten verantwortungsvoller Pädagogik auch demographische Perspektiven in Erwägung ziehen.

Mangelnde Fähigkeiten und Fertigkeiten, sprich Defizite in der Sozialisation und Personalisation können durchaus kompensiert werden, wenn auch etwas mehr Zeit, Raum und persönliche Betreuung eingeplant werden müssen.

Aber leider wird das an allgemeinbildenden wie weiterführenden Schulen kaum umgesetzt, insbesondere in den nicht gerade als reich geltenden Bundesländern. Man erkennt das dann meist an den Klassengrößen bzw. möglichen Klassenteilern und der erforderlichen und tatsächlichen Personalausstattung, was natürlich auf der politischen Fassade anders koloriert wird.

Schnell ist ein professionell arbeitender Pädagoge bei einem wohlverstandenen pädagogischen Realismus angelangt. Er akzeptiert die nicht bzw. schwer änderbaren Einflussfaktoren (vorgegebene Strukturen, genetische Dispositionen etc.) und arbeitet im Sinne der ihm anvertrauten Kinder und Jugendlichen, für die er das Optimale erreichen möchte.

2. Patentrezept Projektarbeit

Nichts ist in den vergangenen Jahren so erwartungsvoll pädagogisch überfrachtet worden wie die Projektarbeit. Keine Frage, die auf John Dewey zurückgehende reformpädagogisch transportierte Projektarbeit hat in der außerschulischen Jugend- und Erwachsenenbildung einen durchaus respektablen Stellenwert eingenommen. Insbesondere die Projektmethode von Karl Frey stattet nicht wenige (sozial)pädagogische Ausbildungsstätten mit Unterrichtsinhalten aus. Auch betriebliche Ausbildungsbetriebe setzen unter dem Vorzeichen „Projektmethode" die Auszubildenden vor reale berufsspezifische Aufgabenstellungen, die es in vorgegebener Zeit zu bewältigen gilt. Manche Aufgabenstellungen sind schon so real, dass man hier fast nicht mehr von Projekt sprechen mag. So zum Beispiel, wenn Auszubildende eine eigene Filiale zu führen und am Ende des Monats ihre realistischen Bilanzen vorzulegen haben, was ein Scheitern, wie bei der außerschulischen Projektarbeit durchaus möglich, hier schlichtweg nur bedingt erlaubt.

Ohne die Geschichte der Projektarbeit, deren Anfänge im schulischen Bereich sich insbesondere an den Polytechnischen Hochschulen (Ingenieurschulen) festmachen lassen, unzulässigerweise zu diskreditieren, sei dennoch auf die bis heute nicht zweifelsfrei dokumentierbare Gesamtleistung für die Bildung eines Menschen verwiesen. Mit dem empirischen Beweis verhält es sich ähnlich wie mit den pädagogischen Anteilen funktionaler Erziehung. Die Umgebung, die Freunde, bekannte und weniger bekannte Menschen haben irgendwie unbemerkt an der Bildung und Erziehung des Menschen mitgewirkt. Natürlich haben sich die als modern verstehenden Schulen wie so oft der im außerschulischen Bereich durchaus sinnvollen Methode zunächst unreflektiert bedient. Keine Frage, dass mit dieser Methode auch eine Möglichkeit an die pädagogische Hand gegeben worden ist, um die geforderte Mündigkeit und Entwicklung der Persönlichkeit des einzelnen begleiten zu können. Allerdings musste etwas später festgestellt werden, dass Inhalte der schulischen Ausbildung nicht nur zeitweise auf der Strecke blieben. Prompt haben einschlägige bildungstheoretische Modelle speziell für die Schule dieses Vakuum wieder aufgefüllt. Namen wie Berliner Modell und das auf diesem Modell aufbauende und weiterentwickelte Hamburger Modell reihten sich in die fachwissenschaftliche Begründung der Projektmethode als Gegenstück zur bildungstheoretischen Didaktik im schulischen Bereich ein.

So ist nach und nach der Begriff „Projekt(methode)" zum Modebegriff der Zeit mutiert. Alle verwenden ihn, also muss der einzelne Pädagoge, um „up to date" sein zu wollen, auch mit der Mode gehen.

Der Begriff wird teilweise sogar soweit gedehnt, dass selbst das Prospektausteilen und das Aufblasen einer Hüpfburg, Tische und Stühle in einem Klassenzimmer anzuordnen, schon als Projekt durchgehen kann. Es waren ja immerhin auch alle beteiligt, sodass man obendrein noch das Etikett „Partizipation" ankleben kann.

Vielfach werden geradezu enthusiastisch Erfahrungsberichte aus der Praxis geschildert, wonach die Kinder mit einer Projektarbeit fast alle pädagogisch wünschenswerten Kompetenzbereiche abgedeckt und objektiv nachweisbare Lernfortschritte gemacht haben sollen. Da wird von einer „Bonbonportioniermaschine" gesprochen, die von Kindern in einem selbst gewählten Projekt entwickelt und gebaut worden ist. Die pädagogisch nachgeschobene Beschreibung des Projektverlaufes und der vielfältigen und unterschiedlichen Lerninhalte lässt den Anschein vermuten, dass mittels **„Projektmethode" eine im Bildungsbereich sicher wünschenswerte „Eier-legende-Woll-Milch-Sau"** möglich wäre. Doch wenn Lernen die definitorisch umschriebene dauerhafte Verhaltensänderung einschließt, dann sollten die jederzeit und ortsunabhängig reproduzierbaren Wissens- und Kompetenzinhalte auch einer intersubjektiven Überprüfung standhalten können. Und genau dieses scheint wohl in etlichen Fällen nicht immer möglich zu sein. Insbesondere im Kindertagesstättenbereich kommt dann häufig das Argument, man wolle ja keine schulischen Aufgaben vorziehen und somit auch nicht den gleichen Anspruch an das Lernen in Kindertagesstätten erheben. Wie aber bitte schön können dann Erzieherinnen feststellen, dass sie zumindest dauerhafte Verhaltensänderungen unabhängig von körperlichen Reifungsprozessen erreichen konnten?

Das Schlagwort würde hier ganz schlicht Beobachtung heißen!

Nur: Wenn man etwas professionell beobachtet, muss man nicht allein nur wissen, was man beobachtet und mit welchen Konsequen-

zen, sondern auch welche Interventionsmöglichkeiten zur Verfügung stehen.

So könnte man ungezwungen glorifizierend herausstellen, beobachtet zu haben, dass sich Kinder die Erkenntnis, wonach ein Stein schneller zu Boden fällt als eine Daunenfeder, mittels aufwendigem Versuch erschlossen haben. Jedoch scheitern manche Erzieher schon bei dem Versuch, spezifische Gesetzmäßigkeiten abzuleiten, geschweige denn die Erkenntnisse der Kinder in einen größeren physikalischen und mathematischen Gesamtzusammenhang einzubauen – zumal es nicht viele Erzieher mit physikalischen und mathematischen Ambitionen zu geben scheint! In aller Regel bleibt man bei dem einfachen Lernprinzip „learning by doing" stehen und verpasst dem Ganzen noch einen fachlichen alltagstauglichen Touch mit dem Etikett „Versuch macht klug!". Schließlich müssen die zur Begründung der wissenschaftlichen Forschung eingeworbenen Drittmittel und Planstellen für diesen Bereich auch begründet werden.

Noch ein Beispiel zur Veranschaulichung der Thematik aus einem anderen Bereich, nämlich aus dem rechtlichen zum Thema „Kindeswohlgefährdung". Wenn ein Kind in den täglichen Abholsituationen beobachtet wird und auffällig ist, dass es jeden Tag zusammenzuckt, sobald ein Elternteil das Kind vom Kindergarten abholen möchte, dann werden sicherlich mit bestimmter Sensibilität weitere Beobachtungssituationen und Anlässe für eine Detailklärung eingeplant. Sollte sich tatsächlich eine Kindeswohlgefährdung herausstellen (wobei das Wort an sich schon ad absurdum verwendet wird, wenn man an sich schon von Missbrauch sprechen muss), dann wird die pädagogische Fachkraft sicher alles Weitere in Gang setzen (müssen), um relativ schnell diese Gefährdungssituation zu beheben. Hierzu sind neben fundierten Rechtskenntnissen auch Kenntnisse des verwaltungstechnischen Handelns und der professionelle Blick für organisatorische Zusammenhänge erforderlich. Nur dann kann einem Kind in einer solchen Situation auch wirklich geholfen werden.

Im übertragenen Sinne müssten die **pädagogischen Fachkräfte** gemäß den vielbeschworenen Bildungsleitlinien **umfassende propädeutische und didaktische Kenntnisse in Physik, Chemie, Mathematik, Musik, Religion etc. nachweisen** können, was manchmal zurecht die Forderung nach **Akademisierung des Erzieherberufs** unterstreicht.

Ansonsten bedeutet Projektmethode nichts anderes als: Beschäftigt euch mit irgendeiner interessanten Sache, es wird schon irgendetwas dabei herauskommen. Eine etwas abgeschwächte Version der Frage eines Kindes: „Müssen wir heute wieder das tun, was wir wollen?"

3. Würdevolle Verirrungen

Die Würde des Menschen ist unantastbar. Ein im Grundgesetz zentraler Satz, der nicht nur aus diversen Menschenrechtskonventionen abgeleitet worden ist, sondern auch eine bedeutende Entwicklung der Geistes- und Sozialgeschichte dokumentiert. Der Mensch als unverwechselbares, einzigartiges und vor allem unantastbares Geschöpf Gottes hat eine ureigene und unveräußerliche Würde verliehen bekommen. Faktisch sind alle Menschen gleich, wie es in einer Satzsequenz des von George Orwell verfassten Werkes „The Animalfarm" heißt. Nur mit „manche sind gleicher als die anderen" wird der Satz beiläufig beendet.

Die schockierenden Erfahrungen des 3. Reiches hatten dazu geführt, dass man gerade für Menschen mit Behinderungen in der Nachkriegszeit Einrichtungen geschaffen hat, in denen sie besondere Aufmerksamkeit und Förderung erfahren durften. Daraus entstand eine differenzierte Förderschullandschaft mit relativ kleinen Klassen, bedarfsgerechten Räumen und Ausbildungsgängen für speziell qualifizierte Lehrkräfte und Betreuungspersonal.
Insbesondere die Forderungen der EU-Kinderrechtskonvention und der UN-Behindertenrechtskonvention verlangen jedoch im Hinblick auf die in Deutschland sehr differenzierte Schullandschaft, dass Kinder weder aufgrund ihrer Herkunft noch ihrer körperlichen, geistigen und seelischen Behinderungen an unterschiedlichen Schultypen beschult werden sollen.

Das impliziert die vermeintlich logische **Schlussfolgerung, eine sogenannte Schule für alle** zu etablieren. Also eine Einheitsschule oder Gemeinschaftsschule, die für alle Kinder unterschiedlicher kultureller und sozialer Herkunft, egal, mit welcher Behinderung und Beeinträchtigung, den Schlüssel zum Erfolg im Wettlauf um die oberen Plätze im PISA-Ranking garantieren soll.

Nebenbei bemerkt haben einige skandinavische Länder Schüler mit Rechen- und Leserechtschreibschwäche vom PISA-Test ausgeschlossen, was sicher nicht als Aushängeschild für erfolgreiche Integration, geschweige denn Inklusion betrachtet werden kann. Selbst die Olympischen Spiele haben die Paralympics als separate Veranstaltung installiert.
Ob zudem die Umsetzung dieser Forderung den besagten Konventionen gerechter wird und dem individuellen Förderbedarf der jeweiligen Kinder bei den kostenneutralen Ausgaben für Bildung entsprechen kann, sei dahingestellt.

Diese neobehavioristische Auffassung soll in der Tradition John Watsons zuversichtlich mit den Zauberwörtern „Binnendifferenzierung" und „Inklusion" verwirklicht werden können. John Watson ist schon damals mit seinen Bemühungen gescheitert, aus Kindern, egal welcher Herkunft und welchen Voraussetzungen, „das wunschgemäße Produkt" zu „basteln".

So schreibt er in seinen Ausführungen zum Behaviorismus aus dem Jahr 1925:

„Gebt mir ein Dutzend gesunder, wohlgebildeter Kinder und meine eigene Umwelt, in der ich sie erziehe, und ich garantiere, daß ich jedes nach dem Zufall auswähle und es zu einem Spezialisten in irgendeinem Beruf erziehe, zum Arzt, Richter, Künstler, Kaufmann oder zum Bettler und Dieb, ohne Rücksicht auf seine Begabungen, Neigungen, Fähigkeiten, Anlagen und die Herkunft seiner Vorfahren."

Um nicht falsch verstanden zu werden: Es geht hier nicht um die Abschaffung der Chancengleichheit und Ausgrenzung benachteiligter Kinder und Jugendlicher. Es geht vielmehr um die kuriose politische Vorgabe der Forderung nach einer omnipotenten Pädagogik und insbesondere omnipotenter Pädagogen und einer unreflektierten, konzeptlosen Renaissance behavioristischer Grundüberzeugungen. Interessanterweise gehört es aber zu einer gewissen Selbstverständlichkeit, dass man bei spezifischen Gesundheitsfragen und Problemen auch zu entsprechenden Fachärzten und einschlägig ausgebildeten Spezialisten geht. In der Pädagogik ist das offenbar nicht erforderlich.

Da drängt sich der Vergleich mit dem Bild der schon erwähnten eierlegenden Wollmilchsau im pädagogischen Sinne auf, die es wohlwissend nur im Märchen oder in der Politik gibt.

Wenn schon derartige Forderungen umgesetzt werden sollen, dann müssten gefälligst auch Erkenntnisse aus den Studien in Bezug auf Nachhilfeeinrichtungen und einschlägige Bindungstheorien berücksichtigt werden. Danach würde sich aufdrängen, den Betreuungsschlüssel in den Kindertagesstätten beispielsweise zugunsten der Kinder zu verschieben und im schulischen Bereich den Klassenteiler einmal unter die Lupe zu nehmen.

Im Kindergarten wären zwei Erzieher/innen für 15 Kinder im Kindergartenalter sicher eine wünschenswerte und brauchbare Vorgabe für die Erfüllung der gesetzlich vorgesehenen Aufgaben.

Im schulischen Bereich würde auch nichts gegen eine maximale Klassenstärke von höchstens 15 Schüler/innen pro Klasse sprechen, was in nicht wenigen Bundesländern beispielsweise die gesetzlich verankerte Gruppenstärke in einem Kinderhort darstellt. Dabei sollten aber integrations- und förderpädagogische Aufgaben eine weitere Reduktion der Gruppenstärke zur Folge haben. Unter diesen Voraussetzungen wären angemessene Gruppenaktivitäten und konstruktive Einzelförderung eine dann auch zu leistende Herausforderung für die Pädagogen.

Was wird hingegen vonseiten politischer Gremien in Auftrag gegeben? Eine Bertelsmannstudie, die den Beleg erbringen soll – und tatsächlich vermeintlich auch erbracht hat – , dass es keinen signifikanten Zusammenhang zwischen Gruppengröße und Lernerfolg gäbe. Was für eine Joker-Karte für die politisch in der Bildung Verantwortlichen. Nun können

Sie unter „wissenschaftlich" fundierten Vorzeichen unter den bestehenden Strukturen noch mehr Forderungen installieren. Makarenko mit seiner Arbeitsschulbewegung lässt grüßen – pro Klasse 50 Schüler plus X, viel Vergnügen!

Da geht es den aus der Sicherheitsverwahrung entlassenen Straftätern etwas besser. Sie haben immerhin um die 50 Polizeibeamte zur Bewachung an der Seite – und das rund um die Uhr! Die Kosten hierfür kann wohl jeder selber ausrechnen.

Im Übrigen wird im Jugendhilfebereich auch nicht gerade auf der Kante gerechnet. Für einen erziehungsschwierigen Jugendlichen können auch ohne Probleme bis zu 7.000 Euro und mehr im Monat aufgebracht werden. Ob die Bemühungen dauerhaften Erfolg haben, bleibt auch hier mit Unbekannten ausstaffiert. Ganz zu schweigen von der Erwartung der Gesellschaft, dass dieser heranwachsende Mensch irgendwann einmal so viel Steuern bezahlen wird, dass sich diese Aufwendungen amortisieren.

4. Konstruktivismus – alles geht von selbst!

Der Mensch kann alles hervorbringen, da er bekanntlich mit allen erforderlichen Bildungsinhalten genetisch ausgestattet ist. Kinder werden per bildungspolitischer Festlegung mit der Fähigkeit autorisiert, die komplexe Wirklichkeit erschließen und zwischen richtig und falsch entscheiden zu können.

Was für ein angenehmer Job für die Erzieher!

Sie brauchen im Prinzip nur zu warten, bis der Mensch das innere Bedürfnis hat, sich mit den genetisch mitgebrachten Inhalten auseinanderzusetzen. Mit Blick auf den immer wieder implizit oder explizit enthaltenen und schleichend etablierten Konstruktivismus in der Sozialpädagogik muss man kurioserweise feststellen, dass beispielsweise der ganze Katalog von Bildungsleitlinien durch die dem Konstruktivismus zugeschriebene Aussage „der Mensch ist das Maß aller Dinge" ad absurdum geführt wird.

Entweder ist der Mensch ein sich wandelndes geschichtliches Wesen, dessen Anschauung der Realität sich ebenfalls verändert, oder es gibt so etwas wie eine unveränderliche, der Relativität der menschlichen Anschauung nicht preiszugebende Wirklichkeit. Wenn Ersteres zutreffen würde, bräuchten Bildungspolitiker keine Bildungsleitlinien erlassen: Der Mensch ist ja selbst das Maß aller Dinge. Sollte es aber tatsächlich so sein, dass unveränderliche und nicht der menschlichen Relativität anheim zu gebende Bildungsinhalte eine entscheidende Rolle spielen, dann sind natürlich auch die Konsequenzen logisch nachvollziehbar.

Ein einfaches Beispiel für die relative Unveränderlichkeit intersubjektiver

Gesetzmäßigkeit: Bekannterweise wird der Auftrieb eines Flugzeuges dann erzeugt, wenn auf der Unterseite des Flügels ein Überdruck und auf der Oberseite ein Unterdruck aufgebaut wird. Dieses physikalische Phänomen wird durch die Eigengeschwindigkeit des Flugzeuges und die daraus resultierende anströmende Luft erzeugt. Trotz aller Relativität der möglichen Einflussfaktoren, Flügelkonstruktionen und Wetterverhältnisse, lassen sich dennoch ganz nüchtern typische physikalische Gesetzmäßigkeiten aufstellen. Diese Gesetzmäßigkeiten mögen zwar auch der historischen Relativität unterliegen (vgl. die Entwicklung der ersten Flugmaschine der Gebrüder Wright bis hin zum A380), allerdings wäre eine Entwicklung im Sinne der heutigen Erkenntnisse und des technologischen Fortschrittes nicht möglich gewesen, wenn es tatsächlich so etwas wie einen „subjektspezifischen Interpretations- und Konstruktionsprozess" gegeben hätte. Eine intersubjektive Gesetzmäßigkeit war die Voraussetzung für derartige Entwicklungen, wie wir sie heute mit einer gewissen Selbstverständlichkeit nutzen können.

Aus dieser Erkenntnis kann man ganz schlicht ableiten: **Möchte sich eine Gesellschaft (Zivilisation) weiterentwickeln, kommt sie überhaupt nicht darum herum, der nachfolgenden Generation möglichst komprimiert und umfassend das bereits gesammelte Wissen weiterzugeben. Das setzt natürlich eine erhöhte Lern- und Aufnahmebereitschaft voraus.**

Eine Beliebigkeit, wie sie in mancher Hinsicht durch sozialpädagogische Angebote im Sinne der häufig in der Praxis noch nicht einmal theoretisch fundiert durchdrungenen Projektarbeit angewendet wird, ist dabei ebenso wenig hilfreich, wie partizipatorisch getarnte Kapitulationserklärungen mancher den Sozialisationsauftrag scheuenden Pädagogen.

Natürlich wird so mancher in der Pädagogik beheimatete „Fachmann" erklären, dass man ja heutzutage ohnehin nicht mehr alles umfassend vermitteln könne, da die Vielfalt des Wissens und die Komplexität der Gesellschaft ausschließlich nur exemplarisches Lernen und sogenannte Schlüsselqualifikationen zulassen würden. Dass diese Auffassung mit den PISA-Studien nicht gerade Applaus erhalten hat, dürfte inzwischen zur Allgemeinbildung gehören.

> „Sozialpädagogischer Aktionismus verhilft in nicht wenigen Fällen zur Aufwirbelung von heißer Luft. Wird das Ganze dann noch ordentlich mit Engagement verquirlt und man bekommt tatsächlich als Ergebnis so etwas wie aufgeschlagenen Schaum heraus, möchte man natürlich ungern als bloßer Schaumschläger bezeichnet werden."

5. Kinder wissen, was sie wollen!

Häufig hört man diese oder ähnliche Slogans, dass Kinder wissen, was sie wollen, und demzufolge muss man lediglich das „Angebot" der pädagogischen Begleitung danach ausrichten.

Unweigerlich muss man sich bei einer derartigen Aussage nochmal vergegenwärtigen, was denn Erziehung überhaupt bedeutet.

> **Erziehung** bedeutet althochdeutsch irziohan = herausziehen, Geist und Charakter bilden und jmd. fördern
> **Pädagogik** wird abgeleitet vom lateinischen Wort paidagogós = ein Kind führen/begleiten

Erziehung und Pädagogik setzt voraus, dass ein Erziehender einen Zu-Erziehenden auf dem Weg zur Mündigkeit, Selbstständigkeit und zur Übernahme von zunehmend komplexer werdender sozialer und persönlicher Verantwortung begleitet.

Dabei hat sich der Erziehende mit bestimmten Grundvoraussetzungen für Erziehung zu befassen. Trotz aller kontroverser Diskussion bleibt die Erziehungsbedürftigkeit des Menschen handlungsleitend für jeden professionellen Erzieher.

Des Weiteren stellt sich die Frage, wie dieser Begriff von Erziehung denn umgesetzt werden soll? Bisher haben sich schon viele Pädagogen bemüht, jedoch kaum jemand hat es geschafft, die für die Erziehung erforderliche „pädagogische Beziehung", sprich den „pädagogischen Bezug" nach Hermann Nohl zu reformieren. Selbst einschlägige Bindungstheorien kommen kaum über die von Nohl dargelegten Grundüberlegungen hinaus.

Übertragen formuliert, setzt die pädagogische Beziehung voraus, dass der Erziehende bereit und in der Lage ist, die für das Erziehungsziel erforderliche Vermittlung und Weitergabe von Wissen, Kenntnissen und Fertigkeiten einfühlsam und wohlwollend dem Zu-Erziehenden gegenüber als längerfristige Aufgabe zu übernehmen.

Genau so wichtig ist allerdings auch, dass der Zu-Erziehende bereit ist, diese Begleitung anzunehmen und sich bilden zu lassen.

Hier liegt ein weiteres Problem auf der Hand, nämlich: Wollen denn tatsächlich alle Beteiligten dieses für die Erziehung und Bildung formulierte Ziel erreichen? Sieht man sich dazu beispielsweise die pädagogische Realität an unseren Schulen an, wird sofort klar, dass dieses Ideal mit Sicherheit nicht durchgängig bestimmend ist.

„Kein Prügeln, kein Pöbeln, kein Schwänzen: Wer an der Heinemann-Gesamtschule in Berlin-Tempelhof nicht pariert, der fliegt."

So beginnt ein beachtenswerter Artikel von Margita Feldrapp mit dem Titel „Das Ende der Kuschelpädagogik" in einer Online-Ausgabe der Welt aus dem Jahr 2008. Dort ist beispielsweise von einem 15-jährigen Jugendlichen die Rede, der sich offen zur linksradikalen Szene zuordnet und Demos am liebsten immer in den vordersten Reihen „genießt". Von Strebern hält er ohnehin nicht viel. Dennoch hat er einen außerordentlichen Respekt vor seinem Schulleiter, dem er mit konventioneller Höflichkeit entgegentritt und am Schluss dieses Artikels diese disziplinierende Haltung sogar selbstreflexiv wünscht und einfordert.

Respekt an der Schule, Disziplin, Pünktlichkeit, Fleiß und Ordnung sind nach Ansicht des Schulleiters wesentliche Tugenden, die es einzufordern gilt. Dennoch scheuen viele Pädagogen seiner Ansicht nach die Konfrontation, da sie sich nicht mit der Rolle anfreunden können. Grenzen aufzuzeigen und Disziplin und Ordnung von den Schülern einzufordern, verursachen natürlich Ärger und Stress. Zudem begünstigen auch die „weichen" Vorgaben der Bildungsministerien den häufig anzutreffenden "Kuschelkurs" der Pädagogen. Verweise und Schularreste sind bei verhaltensauffälligen Schülern ebenso unerwünscht, wie hartes Durchgreifen in Form von Strafen.

Die häufig anzutreffende Haltung, dass ein guter Pädagoge, wenn er nicht als pädagogischer Versager abgestempelt werden möchte, keine Strafen verhänge, bestätigt nicht selten die **bildungspolitische Vorgabe einer Kuschelpädagogik**.

Aus diesem Grund ist es kein Wunder, wenn sich die im Alltag vernehmbare und vulgär ausstaffierte Fäkalsprache wegen ausbleibender Folgen in den „gepflegten" Umgangston der Kinder und Jugendlichen manifestiert. Deshalb ist es im pädagogischen Geschäft nicht ganz so ungewöhnlich, dass man, beispielsweise von Schülern einer siebten Klasse, ungefiltert noch als moderat geltende Wörtergüsse wie, „Dumme Sau", „Fick dich" und dergleichen unverblümt an den Kopf geworfen bekommt.

So resümiert ein anderer Schulleiter nicht zu unrecht, **dass bei extrem auffälligen Schülern nicht das „sozialpädagogische Gesäusel", sondern die sofortigen und unmissverständlichen Konsequenzen zum Ziel führen würden.**

Ähnliche Beispiele wie eben geschilderte befinden sich auch in dem von Michael Winterhoff verfassten Buch „Warum unsere Kinder Tyrannen werden", welches mehr als anschaulich die Ursache psychosozialer Auffälligkeiten von Kindern an der jeweiligen pädagogischen Haltung von Eltern und Erziehern festmacht.

Das Erschließen der gesellschaftlichen Wirklichkeit im Informationszeitalter mithilfe qualifizierter Publikationen sollte an sich zum selbstverständlichen Standard gehören, was zweifellos fundierte Lesekompetenz voraussetzt. Dennoch gibt es manche unverbesserliche „Zeitungsleser einschlägiger überparteilicher und unabhängiger Großbuchstaben-Boulevardzeitungen", aus denen man folgende Devise ableiten kann:

Entweder der Leser möchte sich auf einfachem intellektuellem Niveau festmachen und verzichtet bewusst auf eine persönliche Weiter- und Höherentwicklung des menschlichen Geistes.

Oder der Leser ist nicht in der Lage aufgrund unzureichend vermittelter Kulturtechniken, hier insbesondere Lesen und Verstehen von Texten, sich den komplexen und differenzierten Informationen auszusetzen.

Beide Einstellungen sind jedoch für eine Weiterentwicklung der Individualität, der Gesellschaft und des zivilisatorischen Miteinanders strenggenommen nicht akzeptierbar.

Nicht selten hört man in diesem Zusammenhang: „Ich wollte ja schon einen besseren Schulabschluss machen, aber meine Lehrer waren schuld, dass ich ihn nicht erreichen konnte. Sie haben mich nicht motiviert und konnten mir das hierfür erforderliche Wissen einfach nicht beibringen."

Einerseits ist es aber auch sehr bequem, allem und jedem die Schuld an der persönlichen Misere zuzuschieben. Bekommt man jedoch gesagt, was man wie, in welchem Zeitraum wann und mit welchem Ergebnis zu machen hat, kommt die platte Antwort: „Ich entscheide selbst, was ich wann und wie mache"!

Also, entweder ist der Mensch derart fremdbestimmt, dass er sein eigenes Verhalten nicht zu begründen und zu rechtfertigen hat.

Oder der Mensch ist sich seiner ständig wachsenden Selbstständigkeit, sprich seiner Autonomie derart bewusst, dass er sein Verhalten nicht nur jederzeit begründen und rechtfertigen kann, sondern sich stets der Verantwortung für sein Handeln im Klaren ist. Und dazu gehört sicher auch die platte jugendtypische Aussage „keinen Bock" zu haben – aber bitte auch dann dazu mit allen Konsequenzen stehen.

Wer sowieso allem und jedem die Schuld an der Misere seines Lebens zuschiebt, der hat bestimmt nichts dagegen, sich im Sinne eines wünschenswerten Verhaltens von außen steuern zu lassen! Hier wird aber sofort gekontert mit der Aussage, „ich weiß selbst, was ich mache".

Wenn man keine Lust auf Hausaufgaben hat, die aber erforderlich sind, um den Unterrichtsstoff nachzuarbeiten und zu festigen, dann braucht man sich nicht zu wundern, wenn die nächste Klassenarbeit nicht sonderlich gut ausfällt. Wird man allerdings zum „Nachsitzen" und Nachholen „verdonnert", gibt es ein lautes Aufschreien der Eltern, was dem Lehrer denn einfallen würde, von derartigen „Erziehungsmaßnahmen" Gebrauch zu machen. Die Kinder wüssten doch am besten, was für sie gut wäre.

Am deutlichsten wird diese Aussage ferner für diejenigen, die sich eine Freiheitsstrafe eingefangen haben. Für sie wird nicht nur der Tagesablauf bestimmt, sondern auch mit wem sie wie lange kommunizieren dürfen, was es zu essen gibt und im extremsten Fall was sie zu denken haben – sofern sie die Bemühungen der Resozialisierung nicht annehmen wollen! Interessanterweise behagt den Betroffenen diese Form der Fremdsteuerung auch nicht sonderlich.

Dann gibt es, wie soll es anders sein, stets das Argument, die Sozialisation sei schuld an der etwas entgleisten Biografie eines Menschen. Auch das ist keine andere Haltung als jene, die immer nur den anderen die

Schuld an der persönlichen Unfähigkeit gibt. Jeder beschlagnahmt für sich ein selbstbestimmtes Leben, in dem man sich jederzeit frei entscheiden kann, etwas zu tun oder zu lassen. Wenn man Erfolge zu verbuchen hat, verbucht man sie für sich. Misserfolge schiebt man nicht selten anderen in die Schuhe, da man ja durch den Einfluss dieser oder jener Menschen keine andere Chance hatte.

Eine nicht unwichtige Feststellung aus der Pädagogik besagt, dass freies und selbstbestimmtes Leben in einer sozialen Gemeinschaft unabdingbar elementare Bildung voraussetzt. Ohne eine solide Bildung wird man stets Spielball seiner Umwelt und vor allem der Politik sein.

Also was bleibt als Quintessenz übrig: Die Bereitschaft, Fähigkeit und vor allem Einsicht, sich permanent zu bilden bzw. bilden zu müssen! Diese Forderung unterstreicht der „Deutsche Qualifikationsrahmen für lebenslanges Lernen" mit gleichnamigen Titel sogar mit Nachdruck. Und dabei gilt: So komplex, vielschichtig und differenziert wie unsere Welt und soziale Gemeinschaft ist, so umfassend sollten auch die materialen und formalen Bildungsinhalte angelegt sein. Und ob das immer alle Kinder und Jugendlichen tatsächlich wissen und wollen, bleibt dahin gestellt.

Dieses Bewusstsein unweigerlich stets in den Vordergrund zu stellen, muss eine durchgehende und verantwortungsvolle pädagogische Aufgabe bleiben. **„Null Bock zu haben" und der „Gesellschaft die Schuld" an allem geben zu können, zeugt weder von Bildung noch von Weiterentwicklung der Beteiligten.**

Meinen Eltern war egal, was ich mache

im Kindergarten durften wir machen, was wir wollten
in der Schule war Leistung auch egal, man blieb ja
ohnehin nicht sitzen

die Klassenarbeiten wurden pädagogisch zugunsten
der Schüler bewertet

bei der Abschlussprüfung drückten alle Lehrer noch
mal ein Auge zu

nach meiner Bewerbung gab mir zwar der Meister zu
verstehen, dass ich an sich nicht ausbildungsreif wäre,
aber gab mir auf Grund des politischen Drucks und
diverser Zuschüsse vom Staat trotzdem noch eine
Chance

Nach meiner Ausbildung hatte das Arbeitsamt etliche
Probleme mich zu vermitteln. Meine Qualifikationen
und meine Einstellung zur Arbeit würden nicht auf
meine Wünsche passen

Da ich unter diesen Voraussetzungen sowieso keine
4000 Netto bekommen könnte, entschied ich mich
gleich für Hartz IV

Bei den Wahlen bin ich grundsätzlich Protestwähler,
vielleicht würden dann auch mal die Hartz IV-Sätze
erhöht werden

An sich finde ich es schon eine Unverschämtheit, dass
die Regierung nichts für die kleinen Leute wie mich tut

> Lärm beweist gar nichts. Eine Henne, die ein Ei gelegt hat, gackert, als sei es ein Planet. (Mark Twain)

Irrtum V: Empirik als Garant für zukunftsweisende bildungspolitische Entscheidungen

1. Die Empirik und das Schulsystem

Bemerkenswert ist auch immer, wenn man zur Kenntnis bekommt, welche Ableitungen aus statistischen Erhebungen gemacht werden.

So verleiten die Ergebnisse der umstrittenen Pisa-Studien die eine Partei zur Bestätigung und gleichzeitigen Abschaffung des dreigliedrigen Schulsystems, während die andere Partei deutlich den Hinweis der stärkeren Reglementierung und Profilierung der einzelnen Schulen herauslesen konnte bis hin zur selbstverständlichen Generalabsolution pro Gemeinschafts- und Gesamtschulen.

An sich keine neue Erkenntnis, dass empirische Befunde stets einer „geisteswissenschaftlichen" Interpretation anheim gegeben werden müssen. Selbst die Feststellung der Gleichwertigkeit eines Schulabschlusses liegt im interpretativen Ermessen des jeweiligen kulturhoheitlich regierten (Bundes)Landes!

Ist denn beispielsweise eine zweite Fremdsprache, die in 3 Jahren auf einem Einstiegsniveau geführten Level abgeschlossen werden kann, mit dem Niveau eines 9 bzw. 8 Jahre unterrichteten Lateinkurses vergleichbar?

Kann eine berufsbezogene Disziplin allgemeinbildende Fächer ersetzen?

Dass die Beliebigkeit zumindest (in der Akzeptanz) nach Pisa eine natürliche Grenze gefunden hat, belegen die mehr als konkreten Forderungen nach zentralen Abschlüssen und die Anforderungen an sprachliche, naturwissenschaftliche und mathematische Kenntnisse nach vorgegebenen Standards! Nicht zuletzt die flächendeckend vereinbarten „Bildungsleitlinien" versuchen bereits schon im Elementarbereich, sprich in Kinderkrippe und Kindergarten, wesentliche Bildungsbereiche zu fokussieren.

In diesem Zusammenhang kommt man zwangsläufig nicht darum herum, penetrant nachfolgende Fragen stellen zu müssen:

- ▸ Ist denn eine Bildungseinrichtung als „gut" zu bezeichnen, die ihre

Absolventen auf Humboldt'schen Idealen basierend, enzyklopädisches und fundiertes Allgemeinwissen mit der Note „sehr gut" entlassen kann?

▸ Oder verdient jene Einrichtung das Prädikat besonders gut zu sein, die mittels zugestandener Auswahl von Bildungsinhalten erziehungsschwierigen, sozial schwachen und womöglich mit Migrationshintergrund behafteten Kindern zu einem unter das „Gleichwertigkeitsabkommen" fallenden Abitur verhilft?

Dass die aufgeworfenen Fragen nicht einfach zu beantworten sind, machen die unzähligen und schon längere Zeit geführten Debatten um die sogenannte „richtige" Schulform, insbesondere die Eliteschule- und Eliteuniversitäten-Diskussion, deutlich.

Der entscheidende, jedoch niemals ausdiskutierbare Grund liegt schlichtweg in den jeweiligen implizit vorausgesetzten Menschenbildern, was im letzten Kapitel des Buches nochmal eigens beleuchtet wird!

Gerade in unserer sich plural und offen verstehenden christlich geprägten Gesellschaft dürfte die **Frage nach dem „richtigen Menschenbild"** für Erzieher und Pädagogen eine nicht leicht zu lösende Herausforderung sein. Diese **besondere Herausforderung** kann man **in der fachlichen Diskussion** um die vielbesagte „richtige" Schulform entdecken, jedoch leider **nicht in der föderal und parteipolitisch bestimmten Debatte**. Das fachlich naheliegende Ergebnis müsste ein ebenso plural und offen gehaltenes sein.

Nicht nur aus diesem Grund müsste sich das momentan **bestehende gegliederte Schulsystem**, sofern der Sparzwang der jeweiligen Bundesländer nicht sowieso zur Zusammenlegung von Schulen und kostengünstigeren Schulformen nötigt, weiterhin dominierend durchsetzen.

Dennoch bleibt die Gretchenfrage, wie denn erforderliche und für unabdingbar notwendig gehaltene Bildungsinhalte verbindlich festgeschrieben, unterrichtet und überprüft werden können. Denn selbst die Kultusministerkonferenz hat es über Jahre hinweg nicht leisten können, selbst mit den vereinbarten Rahmenvorgaben für die jeweiligen Schulabschlüsse das parteipolitisch instrumentalisierte föderale Bildungssystem zu nivellieren. Die stetig publizierten Absichtserklärungen hierzu dienen eher einem öffentlichkeitswirksamen Selbstbestätigungsritual, als einer aufrichtigen Vereinbarung bundeseinheitlicher Bildungsideale. Warum dieses bildungspolitische Ping-Pong-Spiel noch etwas länger dauern wird, bis vielleicht irgendwann ein mögliches Ergebnis festgehalten werden kann, muss als Frage einstweilen im Raum stehen bleiben.

Sieht man sich die jeweiligen Schulgesetze mit geschultem Blick genauer an, bekommt man die Antwort schwarz auf weiß geliefert.

Diese bildungspolitische Indifferenz haben die Praktiker an den Schulen leider auszubaden.

Nicht wenige Lehrkräfte an weiterführenden Schulen beklagen beispielsweise, dass Lerninhalte nicht mehr angemessen vermittelt werden können, da die erforderlichen Grundlagen fehlen.

Was vor einigen Jahren noch in einer Schulstunde prüfungsrelevant erfolgreich vermittelt werden konnte, dauert heutzutage acht bis zehn Doppelstunden bei mäßigem Prüfungserfolg.

Und genau das ist momentan die Misere in unserer Bildungslandschaft. Natürlich ist der Wunsch vieler in Wirtschaft und Politik, dass unsere Schüler möglichst schnell dem Arbeitsmarkt zur Verfügung gestellt werden.

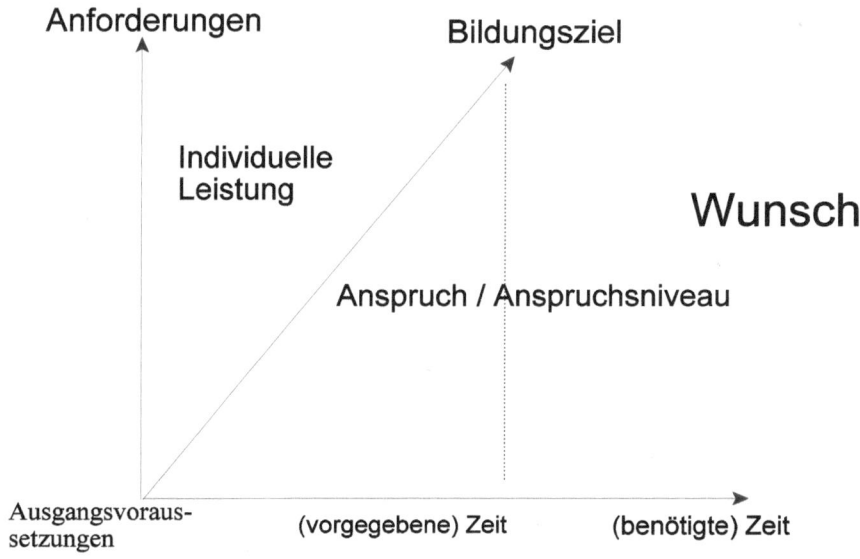

Abbildung 8 - Politische Wunschvorstellung schulischer Bildung

Keine Frage, dass der Prädikatsabschluss einer weiterführenden Bildungseinrichtung selbstverständlich gemeinsam auf qualitativ und substantiell hohem Niveau erworben wird.

Leider spricht die Realität eine andere Sprache.
Für nicht wenige reicht die zur Erreichung des jeweiligen Abschlusses vorgesehene Zeit nicht aus. Demzufolge bleiben sie auf einem Bildungsniveau stehen, welches leider nicht immer ausreicht, um beruflich wie schulisch qualifiziert weitermachen zu können.

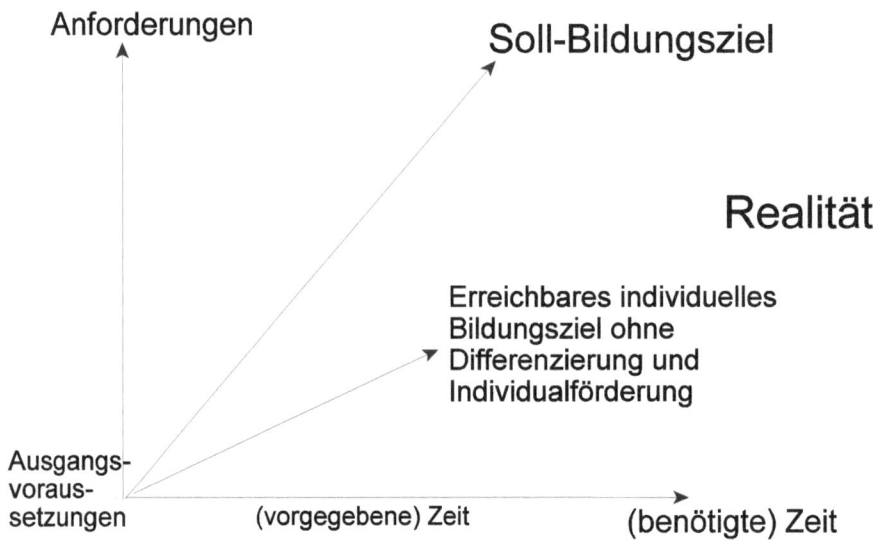

Abbildung 9 - Realität in unseren Bildungseinrichtungen

An sich würden diese Schüler wesentlich mehr Zeit oder individuell begleitende Förderung benötigen, um eben diese abverlangten Forderungen auch erfüllen zu können.

Stattdessen werden, mit einer mehr oder weniger überzeugenden kompetenzorientierten Rhetorik, die Ausbildungszeiten insgesamt gekürzt, sei es bei der gymnasialen Schulbildung als auch an Hochschulen und bei einschlägigen Berufsausbildungen. **Wenn man die Ausbildungszeit wieder verlängern möchte, muss man natürlich zwangsweise in der Kinderkrippe bzw. im Kindergarten anfangen. Nicht zuletzt deshalb gibt es ja auch die hochgelobten Bildungsbereiche, um „von Anfang an" möglichst keine Zeit zu verlieren.**

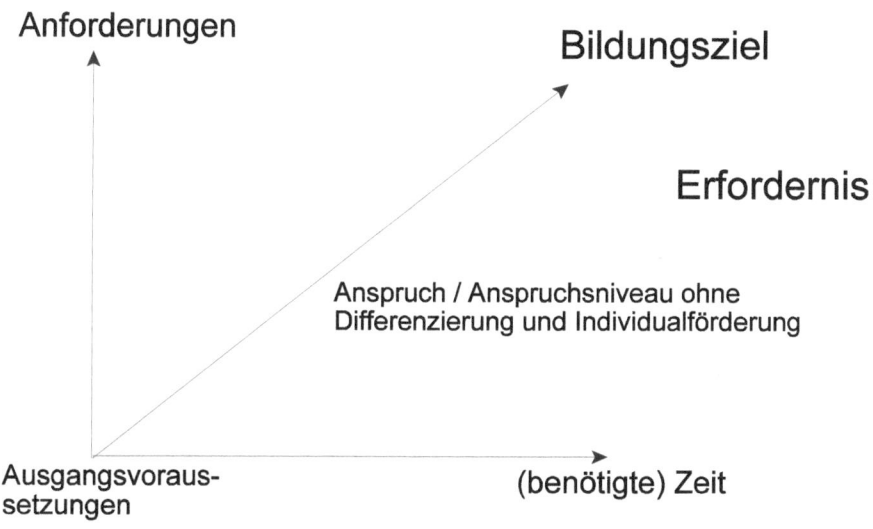

Abbildung 10 - Erforderlicher Zeithorizont

2. Der Glaube an die selbstgefälschten Statistiken

Den ersten Satz, den man in einem Statistikkurs lernt, heißt: „Ich glaube nur der Statistik, die ich selbst gefälscht habe." Ist das wirklich so?

Eigentlich müsste man den Satz anders formulieren, nämlich: „Ich glaube nur der Statistik, die ich selbst analysiert und interpretiert habe."

Jeder, der sich mit empirischen Methoden und statistischen Auswertungen befasst hat, wird unweigerlich der Aussage zustimmen müssen, wonach jedes empirische Ergebnis interpretationsbedürftig ist. Eine bloße Ableitung von empirischen Ergebnissen auf ein gewünschtes Ergebnis ist weder den empirischen Wissenschaften würdig noch ist das Verhalten redlich.

Jedes empirische Ergebnis, scheint es noch so klar zu sein, ist interpretationsbedürftig!

So kann man beispielsweise in einem Plenarprotokoll einer aktuellen Stunde zum Thema „Gesamtschulen" im Nordrhein-Westfälischen Landtages im Jahr 2006 feststellen, dass die Interpretation von Zahlen und Statistiken so manchen vor eine schwere Aufgabe stellt. Insbesondere, wenn es darum geht, eine verbindliche (partei)politische Entscheidung ableiten zu wollen. Hier ein exemplarisch zitierter Schlagabtausch:

„Ingrid Pieper-von Heiden (FDP): (...) Zum Beispiel beträgt laut Analyse aus dem Jahr 2004, die wir nach Vorstellung der alten Landesregierung ja eigentlich gar nicht erkennen sollten, die durchschnittliche Punktzahl im Leistungskurs Biologie an Gymnasien 7,86, an Gesamtschulen 6,42. Die Weiterbildungskollegs und Berufskollegs schließen sehr dicht an das Gymnasium an.

Im Grundkurs Englisch: an Gymnasien 7,48, an Gesamtschulen 6,12. In Geschichte: an Gymnasien 7,93, an Gesamtschulen 6,51. In Physik: an Gymnasien 8,65, an Gesamtschulen 6,98. – Man könnte so fortfahren.

Ein Artikel aus der 'Frankfurter Allgemeinen Zeitung' vom 10. November beschreibt nicht nur, dass die Gesamtschulen um mehr als eine Note nach unten abweichen, sondern er beschreibt vor allem die viel zu gute Bewertung der Gesamtschulklausuren im Vergleich zum Gymnasium. (...) Zum Beispiel sind an Gesamtschulen mit 15,8 % im Fach Englisch mehr als doppelt so viele Klausuren zu gut bewertet worden als an Gymnasien mit 6,4 %. ... Das Gleiche gilt für das Fach Geschichte. Noch viel schlimmer: Gesamtschulen haben zu 28,7 % zu gut bewertet, Gymnasien zu 12,7 %. Das ist auch zu viel. Aber da sehen wir einmal die Fakten."

„Sigrid Beer (GRÜNE): (...) In der Tat können die Gesamtschulen stolz darauf sein, dass sie mehr Kinder aus Zuwandererfamilien und aus bildungsfernen Schichten zum Abitur führen. Dass sich das in einem Durchschnittsergebnis ausdrückt, ist beileibe keine Sensation ... Der Anteil der Schülerinnen und Schüler mit Migrationshintergrund liegt an den Gesamtschulen in der Oberstufe bei ca. 19,3 % und an Gymnasien nur bei 7,3 %."

„Sören Link (SPD): (...) Auch die Ergebnisse der Abiturnoten weisen nur geringfügige Unterschiede auf, liegen zum Beispiel beim Abitur 2005 zwischen 2,64 Durchschnittsnote an Gymnasien und 2,84 Durchschnittsnote an Gesamtschulen. (...) Abiturschnitt 2,46 im Vergleich zu 2,96. Ist eine solche verengte Betrachtung der Leistung von Schulen gerecht? – Ich denke, nein."

Und der Diskurs wird mit Sicherheit noch nicht beendet sein. Jeder Politiker wird das verfügbare Zahlenmaterial regelmäßig so auswerten, dass es in die jeweilige politische Richtung problemlos verbogen werden kann. So ist zum Beispiel der Vergleich mit Pisa für manche parteipolitische Auffassung eine Lizenz zur bundesweiten Einführung von Einheitsschulen, für die andere Auffassung eine Bestätigung der zentral gesteuerten und überprüfbaren Leistungsdifferenzierung im gegliederten Schulsystem.

Hier kann man auch recht gut erkennen, dass Glaube und Politik sich die Klinke in die Hand geben können. **Eine parteipolitische Doktrin ist auch nichts anderes als eine religiöse Dogmatik,** wobei erstere ihre Überzeugung stets als die angebliche „Objektivität" und „reale Wirklichkeit" verkaufen möchte.

Nichtsdestotrotz wird ohnehin die Kostenfrage darüber entscheiden, welche Schulen zusammengelegt werden, welche Schulformen auf Dauer kostengünstiger sind und mit welchen gesetzes- und verordnungspolitischen Vorgaben insgesamt Kosten eingespart werden können.

Inhaltliche Entscheidungen dürften hier eine, wenn überhaupt, nur eine untergeordnete Rolle spielen.

Fokussiert man diese Debatte im Hinblick auf die erziehungswissen-schaftlichen Grundlagen, dann bleiben an sich zwei Aspekte ungeklärt:

1. Setzt man den Schwerpunkt auf empirische Daten, die ja häufig zur Begründung und im Vergleich der eigenen Ansichten angeführt werden, dann müsste man hier zu dem Ergebnis kommen, dass die Gesamtschulen eben im Vergleich schlechter abgeschnitten haben. Wenn man sich als politische Zielsetzung vorgenommen hat, den sogenannten „Output" des Schulsystems zu verbessern, dann bliebe eigentlich keine andere Schlussfolgerung übrig, als auf ein anderes als das Gesamtschulsystem zu setzen!

2. Konzentriert man sich hingegen auf den Prozess und die mittelbaren Absichten des Schulsystems, nämlich generell formal und nicht qualitativ höherwertige Bildungsabschlüsse zu vermitteln, dann wird in erster Linie auf geisteswissenschaftlicher Ebene diskutiert. Bildung um des Menschen willen und nicht um irgendwelche wirtschaftlich und gesellschaftlich verwertbaren Bildungsinhalte zu vermitteln, würde in diesem Fall die Maxime lauten müssen!

    Die Schule als Integrations- bzw. Inklusionseinrichtung und Garant für ganztägliche Betreuung der Kinder zu betrachten, um den Eltern

Berufstätigkeit zu ermöglichen, wird ohne Zweifel der politischen Diskussion Popularitätszuwachs bescheren. Ebenso populär dürfte es sein, gemäß dem Elternwillen alle Kinder ein Abitur „erreichen zu lassen". Das erstrebenswerte Ziel einer soliden und fundierten Schulbildung, mitunter auch in den zukünftigen PISA-Tests noch besser abzuschneiden, sollte dann aber nicht mehr das empirisch für notwendig und wichtig erachtete Ziel sein. **Wenn man die „Besten" haben möchte, wird man um Auswahl und Allokation nicht herumkommen. Und genau dieser Umstand erfordert schlichtweg ein für alle Fähigkeiten, Fertigkeiten und kognitive Leistungsfähigkeit differenziertes Schulwesen.**

Die ewigen Schuldebatten haben folgende Aspekte unzureichend diskutiert:

- Die bildungspolitische Festlegung der Schulsysteme, welche auf der jeweiligen Kulturhoheit der Länder basiert.
  - Insbesondere die Debatte zwischen den Bundesländern, festgemacht am Beispiel der Gesamtschuldiskussion, zeigt eindrücklich, dass die Entscheidung für bestimmte Schulsysteme und Schultypen eher parteipolitisch als an Notwendigkeiten und Erfordernissen orientiert, gefällt wird.

- Die finanzpolitischen Vorgaben tendieren eher dazu, den ökonomi-

138

schen Aspekt von Schule und Bildung zu gewichten.

- ○ Insbesondere Schulzusammenlegungen, Erhöhung der Lehrer-arbeitsstunden, Vergrößerung der Klassen durch Festlegung des Klassenteilers belegen eindrücklich, dass nicht pädagogische, sondern ökonomische Gesichtspunkte den Ausschlag für schul-politische Entscheidungen geben.

- Das mangelnde nationale Selbstbewusstsein
  - ○ Blick über die Grenzen – in anderen Ländern gewachsene Struktu-ren im Bildungsbereich werden für „gut" gehalten und teilweise kritiklos als ideale Möglichkeit gesehen, eigene Bildungseinrichtun-gen daran auszurichten und umzustrukturieren. Hier sei beispiels-weise an die Diskussion um die Etablierung der Gemeinschafts-schulen nach skandinavischem Vorbild erinnert! Gleichzeitig wird das vom Ausland hochgelobte und bewunderte, differenzierte deutsche Berufsschulsystem aus der Diskussion herausgelassen.

Was bleibt, sind die vielbeschworenen Wundermittel pädagogischer Methoden. Leider wird das zu erwartende Ergebnis nicht anders ausfallen können als das, was man durch die teils unreflektierte Übernahme der aus der außerschulischen Bildungsarbeit üblichen, dort auch authentisch verwendbaren Methoden schon kennengelernt hat. Das korsettmäßige Überstülpen dieser Methoden nach dem Motto „das passt schon" hat bedauerlicherweise nicht immer funktioniert. So wurde beispielsweise

Gruppenarbeit um der Gruppenarbeit eingeführt. Manche Material- und Papierschlacht mittels Metaplan wurde zum bloßen Profilierungs- und Selbstzweck in den schulischen Alltag integriert. Das Ergebnis dieser „Versuchsreihen" ist mitunter an den Ergebnissen der PISA-Studien und der dauerhaften Klagen von Ausbildungsbetrieben und Hochschulen ablesbar!

> Gott hat den Menschen erschaffen, weil er vom Affen enttäuscht war. Danach hat er auf weitere Experimente verzichtet. (Mark Twain)

Irrtum VI: Elitebildung durch Qualitätsoffensiven und mustergültige Standardschüler

Filtert man aus bildungspolitischen Debatten die Quintessenz im Zusammenhang mit dem vorgeschobenen Schülernaturell heraus, dann bekommt man plakativ folgende Einschätzung:

Entweder haben wir Schüler, die alle lernbegeistert, lernwillig und mit Leichtigkeit jedweden Bildungsabschluss erreichen können.

Oder es handelt sich um destruktiv, nicht motivierte und nicht mit der nötigen Ernsthaftigkeit eingestellte Schüler, die mit Schule nur eins assoziieren, nämlich: Freizeitunterbrechung!

Die dritte Gruppe ist in jede beliebige Richtung lenk- und formbar, so dass diese ohnehin nicht ins Gewicht fällt. Sieht man sich in der Praxis um, stolpert man nicht nur über den einen oder anderen Schülertypus, sondern auch über die eine oder andere Studie zum Thema.

1. Bildungseinstellungen von Schülern

Eine zweifellos interessante Studie wurde von den Bildungsforschern Carsten Rohlfs und Christian Palentien in Zusammenarbeit mit dem Berliner Institut zur Qualitätsentwicklung im Bildungswesen und dem Max-Planck-Institut für Bildungsforschung durchgeführt. Befragt wurden 1.689 Schüler. Die Autoren ordneten die Schüler nach Auswertung der Antworten fünf verschiedenen Typen zu, je nach ihrer Einstellung zu Schule und Bildung.

Bei derlei Befragungen drängt sich der Verdacht auf, das Ergebnis könnte im Sinne der Befragten geschönt sein. Wer will schon zugeben, er fände es zum Beispiel „uncool, wenn jemand gut in der Schule ist"? Aber Rohlfs versichert: Die Fragen wurden so gestellt, dass sich die Antworten irgendwann widersprechen würden.

Somit konnten sie folgende Schülertypen herausstellen:

Den **pragmatisch leistungsorientierten Schüler** (macht 60 Prozent der Schüler aus):
Ein Vorzeigeschüler sondergleichen. Er zeichnet sich durch eine positive Einstellung zu Bildung und Schule aus. Dieser Schülertyp weiß, welchen hohen Stellenwert ein guter Abschluss in unserem gesellschaftlichen System noch zuerkannt bekommt. Seine Lernhaltung ist von Leistung

geprägt, ohne mit überschwänglicher Begeisterung und Freude am Unterricht reagieren zu müssen. Mehrheitlich sind Mädchen in dieser Kategorie zu finden.

Den **unzufrieden gelangweilten Schüler** (trifft immerhin auf 13 Prozent aller Schüler zu):
Ohne Zweifel sehen auch diese Schüler den hohen Stellenwert eines guten Abschlusses in unserer Gesellschaft ein. Aber anstatt dafür etwas zu tun, reagieren sie lieber mit Langeweile. Ob dafür die herausgestellte Angst vor der Schule oder das allgemeine Unwohlsein im Zusammenhang mit Schule die Ursache ist, bleibt dahingestellt. Fakt ist, dass hier mehrheitlich Jungen zu finden sind.

Den **intrinsisch motiviert bildungsbegeisterten Schüler** (leider nur bei 12 Prozent der Schüler festzustellen):
Bei diesem Schülertyp kann man sowohl Lernfreude, Spaß und Interesse an der Schule als auch eine von innerer Überzeugung geprägte Einstellung wiederfinden, die der Bildung und die eigene Leistung für das Erreichen eines Abschlusses eine hohe Bedeutung zubilligen. Interessanterweise finden sich in dieser Kategorie vornehmlich Mädchen und nicht näher kategorisierte Einwandererkinder wieder.

Den **extrinsisch motiviert angepassten Schüler** (macht 9 Prozent aller Schüler aus):

Obwohl er sich ständig an die von außen an ihn herangetragene Erwartungen anpasst, erntet er insgesamt gesehen, nur schlechte Noten. Das Wissen um einen guten Abschluss ist zwar vorhanden, jedoch schiebt er den vermeintlich hohen Erwartungsdruck seiner Eltern als Alibi für sein eigenes Unvermögen vor.

Den **desinteressiert frustrierten Schüler** (macht immerhin noch 6 Prozent aller Schüler aus):
Ein Schülertyp, der insgesamt nichts von dem System „Schule" hält. Er schützt angeblich sein Selbstwertgefühl vor möglichen Enttäuschungen und Blamagen, indem er sich schlichtweg von Schule distanziert. Seine Einstellung hat eher etwas mit Frust und Resignation zu tun, als mit Leistungsorientierung, Zielperspektiven und intrinsischer Begeisterung.

Aus dem Schulalltag können problemlos noch weitere typische Charakteristika bei Schülern herausgestellt werden. Den Schüler bzw. die Schülerin gibt es ja bekanntlich nicht.
Dennoch erkennt man durchaus bei genauerem Hinsehen bestimmte Auffälligkeiten, die ohne Weiteres auf ein bestimmtes Naturell hinweisen könnten.

Da kann man zum einen **den von allen gewünschten Alleskönner** wiederfinden.
Dieser Schülertyp besticht durch permanente Aufmerksamkeit, kontinuier-

liche Mitarbeit, durch vorbildliche souveräne Leistungen im schriftlichen wie mündlichen Bereich und durch sein umgängliches und mitziehendes Wesen. Wenn es darum geht, eine Gruppe zur Gruppenarbeit anzuhalten und erstaunliche Ergebnisse zu präsentieren, ist dieser Schülertyp mit Sicherheit ein gefragtes Gruppenmitglied.

Dann gibt es noch **den Logistiker.**
Dieser Typ besticht durch sein zunächst zurückhaltendes Wesen. Er bekommt alles um ihn herum und den Unterrichtsstoff resorbierend mit und verschafft sich überraschenderweise durch zielgerichtete Impulse und Antworten im Unterricht eine Position als gefragter Experte.

Als nächsten Schülertypus kann man auf der jederzeit erweiterbaren Liste den **nicht gerade lernbegeisterten Pragmatiker** entdecken.
Er versucht, sich daran auszurichten, was unbedingt erforderlich ist, um eine einigermaßen gute Note zu bekommen. Nach dem Motto „so wenig wie möglich und so viel wie nötig" wird mit Eloquenz und Taktik eine für ihn zufriedenstellende Ausgangssituation in der Klasse angestrebt!

Ach ja, und da gibt es tatsächlich noch **den „Wie-war-das-noch Typ"**, der dahingehend auffällt, permanent etwas vergessen zu haben, mit einem latenten „mir-liegt-es-auf-der-Zunge-Wissen" den Anschein erwecken zu wollen, es reichen die entscheidenden Impulse, um ihn zur intellektuellen Elite zu katapultieren! Leider genügen diese Impulse nicht ganz.

Selbst nach aufwändiger pädagogischer Begleitung stellt man fest, dass die intellektuellen Leistungen nach oben leider weg sind.

Einen **sogenannten „Freizeit-Typen"** kann man in jeder Hinsicht auch feststellen.

Dieser Typus besticht durch seine auffällig schnelle Fähigkeit, Störungen im Unterricht durch Smalltalk zu unterstützen, Nebenbeschäftigungen zum Schwerpunkt seiner Anwesenheit in der Schule zu machen. Sein Motto: Eloquenz statt Kompetenz. Er ist ein gern gesehener Unterhalter für andere Schüler und ein willkommenes Alibi, sich auch mal hängen lassen zu dürfen.

Glücklicherweise wird nicht nur dieser Schülertypus in der nächsten Zeit sogar Unterstützung von ausgesprochen feldkompetenten Bildungspolitikern bekommen, welche mittels revolutionären Fragebögen zur Unterrichtsqualität an den Schulen dezent per charmant verklausulierter „Like-Dislike-Option" abstimmen lassen. Man darf außerordentlich gespannt sein, welcher Eventmoderator (Lehrer) mit welchem Unterhaltungsprogramm die meisten Wahlen erhält.

Beim **„Beziehungstypen"** wird man in unserem Schulsystem als Pädagoge herausgefordert.

Er benötigt stete persönliche Ermunterung, Aufforderung und externe Motivation. Selbst Ansätze intrinsischer Auseinandersetzung bedürfen kontinuierlicher und notorischer Verstärkung von außen. Dieser Typ lernt nur, wenn ihm der Lehrer passt. Antipathie wird mit Lernverweigerung beantwortet. Selbst wenn man meint, das wäre auf einen mustergültigen Grundschüler zutreffend, wird man sich aber auch an weiterführenden Schulen an diesen Typen gewöhnen müssen!

Bei Betrachtung dieser Schülertypologien wird man zwangsläufig auf einen weiteren Begriff der Pädagogik verwiesen, nämlich den der Selbststeuerung des Menschen. Schüler sind eben nicht durch wie auch immer geartete pädagogische und bildungspolitische Konzepte auf eine Linie zu bringen, sondern beeinflussen ihre Entwicklung und Bildung aktiv mit. Das ist im pädagogischen Geschäft auch so eine Art „unbekannte" Variable, welche die pädagogischen Bemühungen zum Teil unkalkuliert in verschiedene, auch nicht wünschenswerte Richtungen abdriften lässt.

> **Selbststeuerung** = alle bewussten wie unbewussten innerpsychischen Kräfte, die den Menschen zum aktiven Mitgestalter seiner Entwicklung macht.

2. Der Qualitätsschüler

Die vielfach beschworene Qualität von Bildung möchte stets implizit herausstellen, dass trotz unterschiedlicher Voraussetzungen und Rahmenbedingungen auf durchgängig gleichbleibend hohem Niveau qualifizierte

Absolventen der jeweiligen Schulen und Hochschulen zu erwarten wären. Dabei wird häufig mit Beispielen aus der freien Wirtschaft verglichen. Hier ist es in der Tat so, dass hohe Qualität nur zu erreichen ist, wenn standardisierte und automatisierte Prozesse ohne Störfaktoren von außen auf ein Optimum programmiert worden sind. Natürlich geht man naiver Weise davon aus, dass diese Prinzipien eins zu eins auf den Bildungssektor übertragen werden können.

Man verkennt jedoch eines: Wenn beispielsweise ein zu verarbeitender Rohstoff nicht der für die Weiterverarbeitung erforderlichen Qualität entspricht, wird bei einem anderen Zulieferer eingekauft. **Nur wenn das Ausgangsprodukt den hohen Ansprüchen für die Weiterverarbeitung entspricht, werden die Rohstoffe nach standardisierten Arbeitsschritten weiter verarbeitet.** Diejenigen Produkte, die nicht die Mindestqualität erreichen, werden schlichtweg aussortiert.

Nun stelle man sich das für den Bildungsprozess vor: Schüler, welche nicht die hohen Eingangsvoraussetzungen für die „Verarbeitung" erfüllen, werden erst gar nicht angenommen. Diejenigen, die während des „Herstellungsprozesses" die gesteckten Qualitätsmaßstäbe nicht erreichen, werden einfach ausgesondert.

Man kann sich lebhaft vorstellen, welches gesellschaftliche und politische Geschrei hier zu hören wäre, wenn derartige Vorstellungen eines „Bildungsproduktionsprozesses" den Bildungsalltag bestimmen würden. An sich genügt es schon, wenn man die politischen Debatten zwischen den Kultusministern der Bundesländer verfolgt. Auch hier werden Streitigkeiten über Sinn und Unsinn des dreigliedrigen Schulsystems mit ähnlicher Lautstärke ausgefochten.

Andererseits kommen wie aus der Pistole geschossen gleich die Argumente, dass die Schule ein Dienstleistungsbetrieb wäre und demzufolge auch die inzwischen weiterentwickelte Dienstleistungsnorm DIN EN 9000:2000 anzuwenden sei. Das sog. „Ausgangsprodukt" wird jedoch auch von dieser Norm nicht unbedingt thematisiert. Aber wie steht es denn mit der Prozessqualität, der Struktur- und Orientierungsqualität? Selbstverständlich kann man auch die Qualitätsdiskussion beispielsweise auf den pädagogischen Prozess verlagern, jedoch ist dann auch das Ziel ein anderes als das, was man bei einem produktorientieren Ergebnis zu erwarten hätte.

Der Erfolg hängt auch hier von den Möglichkeiten und Unmöglichkeiten des im Erziehungsprozess befindlichen Kindes bzw. Jugendlichen ab.

Außer man übernimmt einschlägige, scheinbar wirkungsvolle mit Erfolgsgarantie herausgestellte Erziehungsideale, wie beispielsweise Amy Chua, eine chinesisch stämmige amerikanische Juraprofessorin an der Yale Universität, die in ihrem Buch „Die Mutter des Erfolgs: Wie ich meinen

Kindern das Siegen beibrachte" Strenge und Drill als erfolgreiche Erziehungsmaßnahmen publiziert. Wobei man nicht in die Ferne schweifen
muss, um diese Auffassung von Erziehung ebenfalls zu finden. Der ehe-
malige Schulleiter und Pädagoge des Elite-Internats Schloss Salem
resümiert ganz offen, dass mangelnde Disziplin, falsch verstandene und
deshalb abgelehnte Tugenden verantwortungsbewusste Erziehung und
Bildung erschweren, wenn nicht sogar unmöglich machen.

**Natürlich gehen alle Verantwortlichen in Politik und Gesellschaft von
einem bildungswilligen, bildungsbereiten und sozial angepassten
Individuum aus, das es weiter auszubilden gilt.**
**Einen bildungsresistenten, lernunwilligen, desinteressierten, intel-
lektuell an die Grenze kommenden dissozialen und unerzogenen
Schüler gibt es ja bekanntlich nicht. Es brauchen sich erwiesenermaßen schließlich nur die Schulstrukturen und die Lehrer ändern,
der ideale Schüler wartet ja schon vor der Türe.**

3. Prädikatsabschluss dank Notenschutz

Jede pädagogische Bemühung ist daran ausgerichtet, einem Kind bei der
Entwicklung zu einer selbstbewussten, sozial integrierten und mündigen
Persönlichkeit zu helfen.
Die Geschichte der Pädagogik ist durchgängig von pädagogischen Per-

150

sönlichkeiten bestimmt worden. **Der pädagogische Alltag lebt davon, dass es Menschen gibt, die sich mit ihrer Profession und Persönlichkeit heranwachsende Menschen auf dem Weg zur Mündigkeit begleiten.** Martin Buber, eine die Geschichte der Pädagogik prägende Persönlichkeit, hat nicht umsonst ein Ideal der Pädagogik illustriert, nämlich „am Du zum Ich" zu werden! Von „pädagogischen Robotern" werden weder Charakter, Gemüt, Anstand noch Gesinnung authentisch angelegt werden können. Aus diesem Grund muss es mehr als nachdenklich stimmen, wenn Bildungspolitik eine von der Lehrerpersönlichkeit unabhängige Bildung und Erziehung festschreibt.

Um sich zu einer mündigen, selbstbewussten und sozial integrierten Persönlichkeit entwickeln zu können, spielen im schulischen Bereich selbstverständlich die zu erlernenden Kulturtechniken und zweifelsohne eine solide Allgemeinbildung eine nicht untergeordnete Rolle. Es ist eine Frage der pädagogischen Selbstverständlichkeit, dass jenen Schülern effektiv geholfen werden muss, die in dem einen oder anderen Fach Schwierigkeiten signalisieren. Ziel jeglicher pädagogischer Bemühungen ist die effektive Kompensation dieser Schwierigkeiten. Letztlich sollen auch diese Schüler die Möglichkeit nutzen können, einen qualifizierten Schulabschluss zu erreichen. Für Nachhilfeinstitute sind diese Schüler sogar, wie schon zur Thematik der persönlichen und individuellen Betreuung ausgeführt, existenzsichernd.

Ob diese Nachhilfeinstitute in Zukunft auf Schüler mit Lese- und Rechtschreibschwäche verzichten müssen, wird sich zeigen. Der bildungspolitische Kurs in einigen Bundesländern deutet unbestreitbar darauf hin. Dank der unermüdlichen Lobbyarbeit des Lese- und Rechtschreibverbandes wurden nämlich mittels Verordnungen und Erlassen sogenannte Regelungen für Nachteilsausgleich und Notenschutz angewiesen. Bei einem **Nachteilsausgleich** können beispielsweise Schülern mit Lese- und Rechtschreibschwäche Zeitzuschläge bei Klassen- und Prüfungsarbeiten gewährt werden. Bei der Bewertung werden jedoch dann keine weiteren Ausnahmen und Zugeständnisse mehr gemacht.

Anders dagegen beim besagten **Notenschutz**. Hier wird die Rechtschreibschwäche bei der Bewertung einer Leistung einfach ausgeblendet. Dafür werden Gedankenführung und Inhalt stärker gewichtet. Das mag vielleicht im ersten Moment recht nachvollziehbar klingen, jedoch wird bei näherem Hinsehen die Ungerechtigkeit gegenüber denjenigen Schülern erkennbar, die sich nicht auf eine Lese- und Rechtschreibschwäche stützen können. Obgleich auch diese Schüler ihre Schwierigkeiten in der Rechtschreibung mustergültig zu Papier gebracht haben, wirkt sich diese Fehlerquote ohne Ausnahme eins zu eins auf die Bewertung aus. Womöglich haben diese Schüler sogar noch wochenlang zusätzliche Stunden investiert, um diese Probleme so gut wie möglich in den Griff bekommen zu können.

Der Schüler mit Lese- und Rechtschreibschwäche jedenfalls bekommt ein befriedigend für seine Leistung, da ja seine Rechtschreib- und Satzbaufehler nicht in die Bewertung einfließen dürfen. Er genießt ja schließlich und endlich einen höchst offiziell zugestandenen Notenschutz. Der Schüler ohne diese Schwäche muss sich bei vergleichbarer Leistung mit einer ausreichenden Zensur begnügen.

Mit welchem Gerechtigkeitsempfinden diese Regelung aufgenommen wird, kann sich jeder selbst ausrechnen.

Apropos ausrechnen. Wie sieht es mit dem Notenschutz und Nachteilsausgleich bei Schülern aus, die beispielsweise aufgrund ihrer familiären Biografie mündliche Schwächen haben und demnach ihre mündliche Note nicht optimieren können? Oder bei Schülern, die in Mathematik aufgrund von Dyskalkulie nie zu herausragenden Leistungen in der Lage sein werden?

Aber auch jene Schüler, die in Folge ihrer psychosozialen Entwicklung oder gar ihres persönlichen Biorhythmus keine adäquaten Leistungen erbringen können, dürfen nicht vergessen werden. Die Liste von Handikaps und Defiziten lässt sich beliebig fortsetzten.

Hier kann man wieder einmal treffend illustrieren, dass die Begriffe Plausibilität, Verfahrensgerechtigkeit, Transparenz und zielführende Antworten auf komplexe Thematiken wie „Inselbegabungen" nicht gerade zum handlungsorientierten Vokabular der bildungspolitischen Repräsentanten gehören.

Man kann den Pädagogen in der Praxis nur wünschen, dass sie diese als indifferent empfundene Gerechtigkeit hoffentlich noch authentisch den Schülern vermitteln können.

> Trenne dich nie von deinen Illusionen und Träumen. Wenn sie verschwunden sind, wirst du weiter existieren, aber aufgehört haben zu leben. (Mark Twain)

Irrtum VII: Das „wahre" Menschenbild in der Pädagogik

1. Die Frage nach dem Menschenbild

Erziehung ist ohne Menschenbild nicht möglich. Diese Tatsache ist beispielhaft bei den Themen „Partizipation, Erziehungsziele, Erziehungsmaßnahmen" genauso dominierend wie bei den fortwährenden parteipolitischen Auseinandersetzungen um das Thema „Bildungspolitik". Leider setzen sich manche Pädagogen mit dieser Aussage kaum oder überhaupt nicht auseinander, obgleich den Pädagogen an sich nachgesagt wird, dass sie den Begriff inflationiert haben. Selbstbestätigend **begnügen sich diverse Erzieher** zum Teil schon mit **einer recht unreflektierten reformpädagogischen Programmatik** mancher Fortbildungsinstitute, um das eigene pädagogische wie sozialpädagogische Tun zu autorisieren.

Häufig genügt es schon, die vielzitierte Phrase des von Johann Heinrich Pestalozzi überlieferten Erziehungsideals mit den Schlagworten „Hand, Herz und Kopf" zu betonen, um visionär manche Idealzustände für den Erziehungsalltag und ein vermeintlich ganzheitliches Menschenbild zu konstituieren.

Dass für Pestalozzi die christliche Religion und die stets betonte Beziehung zu Gott das persönliche Erziehungsverhältnis zu den Kindern bestimmte, wird nicht selten außen vor gelassen.

Stattdessen gebraucht man mehr oder weniger bewusst, sofern es nicht autoritär vorgegeben wird, ein „geliehenes" oder „zusammengestelltes" Menschenbild von der Sorte „Patch-Work".

So spricht man beiläufig von einem „christlichen Menschenbild", „humanistischen Menschenbild", „pantheistischen Menschenbild", „anthroposophischen Menschenbild", „(partei)politischen Menschenbild", „Bild eines aufgeklärten Menschen", „tiefenpsychologischen Menschenbild", „kommunistischen (sozialistischen) Menschenbild", „freiheitlich-demokratischen Menschenbild", „naturwissenschaftlichen Menschenbild", „anthropologischen Menschenbild", „philosophischen Menschenbild" und dergleichen mehr.

So wird mit sozialpädagogischen Programmen, wie beispielsweise der partizipatorischen Arbeit oder dem situationsorientierten Arbeitsansatz, implizit angenommen, dass der heranwachsende Mensch über genügend Urteilsvermögen besitzt, um die vielfältigen Eindrücke, Aufgaben und Anforderungen aufnehmen, ordnen, strukturieren und das eigene Handeln schließlich darauf abstimmen zu können. Dass man dabei beispielhaft und stillschweigend sowohl ein humanistisches, systemisches als auch ein kognitiv ausgerichtetes Menschenbild, gespickt mit Alfred Adlers modifizierter Vorstellung von im Menschen befindlichen Archetypen formuliert, ist scheinbar eine unreflektierte Selbstverständlichkeit. Interessant bei der ganzen Angelegenheit ist ja nur der Umstand, dass mithilfe von Erziehungsmaßnahmen und diversen angewandten Lerntheorien, einschließlich einschlägiger Konditionierungstheorien, dieses Menschenbild teilweise wieder relativiert wird. Man möchte ja schließlich auch ein geordnetes, soziales und vorzeigbares Zusammenleben in den Einrichtungen vorweisen können.

Mitdenken und Eigenständigkeit bis hin zur Eigenwilligkeit von Kindern ist ja nur soweit gestattet, wie es die eigenen Vorstellungen von Erziehung und die bewusst oder unbewusst gesteckten Erziehungsziele erlauben.

Oder warum gebrauchen Pädagogen wie selbstverständlich, teilweise noch nicht einmal bewusst, positive wie negative Verstärker und unterstützende wie gegenwirkende Erziehungsmaßnahmen (von schlichten Erziehungsmitteln ganz zu schweigen), wenn sich doch die Kinder selbst intrinsisch motiviert, gegebenenfalls auf der Grundlage einer von Erziehern vorbereiteten und strukturierten Umgebung selbst Verhaltensweisen und logische Schlussfolgerungen abverlangen können?

Manchmal wird man die Unterstellung nicht ganz auflösen können, dass mit den ganzen sozialpädagogischen Programmen und Konzepten die Rechtfertigung der eigenen Auffassung pädagogischer Arbeit mehr im Vordergrund stehen soll, als die märtyrerhafte hinterfragende Selbstreflexion der eigenen Arbeit und Person.

Der Eindruck, dass eine sozialpädagogische Methode nachgeschoben wird, um das persönliche pädagogische Handeln zu legitimierten, kann im pädagogischen Alltag nicht ganz ausgeschlossen werden.

Zudem möchte man sich ja selbstverständlich ungern von anderen unterstellen lassen, dass man die eigene, sehr individuell und authentisch ausgerichtete pädagogische Arbeit eigentlich nicht als Arbeit bezeichnen kann.

Also müssen pädagogische Ansätze und Arbeitsweisen „erfunden" werden, welche die eigene Arbeit professionell rechtfertigen können. Wenn andere das nicht so sehen, dann sind sie halt pädagogisch nicht gebildet oder unprofessionell. Ob die pädagogische Arbeit eine besondere Fachlichkeit erfährt, nur weil beispielsweise Reggio, Korczak oder Waldorf auf der Umschlagseite des Konzeptes steht, sei also dahingestellt.

Entscheidend hierbei ist trotzdem, dass immer – direkte wie indirekte – Aussagen über das Wesen des Menschen und die Bestimmung des Menschen gemacht werden.

- ✓ Was ist der Mensch?
- ✓ Was soll der Mensch sein?
- ✓ Was soll aus dem Menschen "gemacht" werden?
- ✓ Was ist die Bestimmung des Menschen?
- ✓ Wie stelle ich mir das ideale Menschsein vor?
- ✓ Wie muss ich mich dem zu erziehenden Menschen gegenüber verhalten?
- ✓ Welche Ideale möchte ich dem zu erziehenden Menschen weitergeben?
- ✓ Was ist wichtig und was unwichtig für den Menschen?

Alles das sind Fragen, die sich mit Sicherheit nicht ohne Positionsbestimmung mit Blick auf das eigene Menschenbild beantworten lassen.

Aber was kann man heutzutage im gesellschaftlichen, pädagogischen und vor allem politischen Bereich feststellen? Menschen, die sich eher aus den Anforderungen der Komplexität solcher Fragestellungen flüchten und einfache Handlungs- und Denkschemata einschließlich eines vorgegebenen Menschenbildes einfordern.

Selbst im politischen Bereich ist mit der Diskussion um die sukzessive Installation eines angeblich möglichen „demokratischen Kommunismus" und damit die Abwendung vom Individualismus eine nicht offen ausgesprochene und schon gar nicht diskutierte Menschenbildfrage in den Raum gestellt worden. So kommt es auch nicht von ungefähr, dass in diesen Kreisen mit einfachen Sprüchen, wie „die Presse lügt" oder „der Hauptfeind steht im eigenen Land", Politik gemacht wird

Offenkundig kommt diese Rhetorik bei einigen ganz gut an, zumal im gleichen Atemzug prompt nachgeschoben wird, dass das Menschenbild einfacher zu begreifen sei, als so mancher glauben mag. Manche Politiker distanzieren sich noch nicht einmal von terroristischen Aktionen gegen den sich demokratisch verstehenden Rechtsstaat. Je nach Perspektive des Gesellschafts- und Menschenbildes kann man das natürlich auch legitimieren, oder? Wen wundert's!

Da wundert man sich auch nicht mehr bei dem Phänomen, dass sich ein Erwachsener schon fast nicht mehr in der Lage sieht, einen Beipackzettel einer Arznei zu verstehen, geschweige denn chemische und biologische Zusammenhänge zu realisieren.

Ein weiteres interessantes Phänomen dabei ist, dass nicht wenige Menschen im 21. Jahrhundert meinen, man müsse alles vereinfachen und für einen alphabetischen Laien verständlich machen. Teilweise entsprechen dieser Forderung sogar die Legislative und Judikative. Dennoch wäre es sinnvoll, wenn diese im 21. Jahrhundert lebenden Menschen sich mit ausreichend formaler wie materialer Bildung ausstaffieren würden, um die Komplexität unserer Lebenszusammenhänge einigermaßen erfassen zu können.

Damit wäre es ihnen möglich, nicht nur bebilderte Gebrauchsanweisungen und in Kurzfassung gehaltene tagespolitische, wirtschaftliche, technische und gesellschaftliche Berichterstattungen, sondern auch komplexe Hintergrundinformationen und Zusammenhänge begreifen zu können. Schließlich lebt eine stets geforderte Mitbestimmung bei diversen wirtschafts- wie sozialpolitischen Fragestellungen von dem Bildungsgrad der zur Mitbestimmung aufgerufenen Bürger. Nur so würden etliche einfache politische „Rezepte" enttarnt werden, und wahre politische Mitbestimmung würde zum Ausdruck kommen können.

Wie selbstverständlich werden einige Pädagogen sagen: „Deshalb praktizieren wir ja beispielsweise Partizipation und Mitbestimmung als pädagogische Programmatik in den sozialpädagogischen Einrichtungen." Nur mit welchem kumulierten Wissen und welchen bereits erworbenen Kompetenzen geschieht dieses?

Erzieher machen es sich manchmal schon recht einfach, wenn sie unterstellen, bereits von Kindern schon alles erwarten zu können, selbst jedoch noch nicht einmal den besagten Beipackzettel einer Arznei oder eine komplexe technische Gebrauchsanweisung entschlüsseln können.

Das selbstständige Erschließen der sozialen, technischen und wirtschaftlichen Zusammenhänge setzt eben auch erworbene Kompetenz voraus. Und genau diese sollten qualifizierte Pädagogen den Kindern vermitteln können. Mit einer zum Teil schon etablierten Einstellung, Kinder wissen schon, was sie tun sollen, ist hier mit Sicherheit keinem geholfen geschweige denn Weiterentwicklung programmiert.

Aber es ist dennoch eine Art von Menschenbild, das sich hier ablesen lässt, oder?

Im gesellschaftlichen und politischen Bereich spiegeln sich vielfältige Menschenbilder wider. So wird beispielsweise bei der Diskussion um die Neufestsetzung der Regelsätze für Kinder bei Hartz-IV-Empfängern argumentiert, dass die Erhöhung der Geldzahlungen an diese Familien in der Regel nur den Erwachsenen zugute kommen wird. Man muss nicht unbedingt unterstellen, dass dieses Mehr an Geld nur in Zigaretten und Alkohol investiert wird. Jedenfalls wird angenommen, dass das Geld eben nicht bei den Kindern in Form von vernünftigem Essen, Betreuung und Bildung ankommt, sondern dass Kinder hier eher den Zweck erfüllen sollen, als lebendiges Portemonnaie der Erwachsenen zu funktionieren. Manche Beobachtungen und Statements aus sozial schwachen Familien und sogar ganzen Stadtteilen könnten vermutlich dieses Menschenbild durchaus verallgemeinern. Ein nicht standardisierter Test bei Stern-TV ergab sogar das zur Verwunderung führende Ergebnis, wonach nur knapp 14 Prozent der Hartz-IV-Empfänger sich überhaupt um einen Job bemühen, geschweige denn einen annehmen wollen. Hier blieben nur 3 Prozent übrig, die tatsächlich ernsthaft einen Job haben wollen.

Nichts desto trotz richten sich die Gegner ganz vehement gegen diese

Bevormundung von sozial schwachen Menschen. Mit dem Argument, Eltern mit Kindern würden sehr wohl wissen, wie sie zugunsten ihrer Kinder mit dem Geld umzugehen haben, laufen sie Sturm gegen eine mögliche Einführung einer Bildungscard oder von Essens- und Bildungsschecks.

Und schließlich wurden auch die Vorsorgeuntersuchungen bei Kindern nur eingeführt, damit die wohlsorgenden und für ihre Kinder uneigennützig verantwortlichen Eltern ihre Termine beim Kinderarzt nicht versäumen, nicht wahr?

Auch hier wird implizit das Menschenbild des jederzeit und in allen Situationen mündigen, vernunftorientierten sowohl altruistisch wie sozial denkenden und handelnden Menschen in den Vordergrund der Diskussion geschoben.

P.S. Wenn es aber darum geht, in ein Flugzeug steigen zu wollen, werden alle Passagiere dem Generalverdacht unterstellt, sie wären Terroristen und würden das Flugzeug entführen oder in die Luft sprengen wollen. Zudem lassen sie ihre Grundrechte auf dem Boden, da in der Luft im Falle eines Falles nach anderen Gesetzen verfahren wird. So diktieren also kriminelle Minderheiten, was die Mehrheit zu tun hat. Nach den Ereignissen um den 11. September 2001 regt sich aber keiner darüber auf.

Für besonders interessant ist dieser „gedankliche Ausflug" in der Hinsicht zu kennzeichnen, da es schon genügend Fälle gegeben hat, in denen

Kinder vernachlässigt, verhungert und bildungsfern gehalten worden sind, obwohl den Eltern per Gesetz die Fähigkeit und Berechtigung unterstellt worden ist, verantwortungsbewusst für ihre Kinder zu sorgen und sie zu erziehen.

Alles eine Frage des Menschenbildes: Ein aufgeklärter, gebildeter, vernunftorientierter, sozial und differenziert denkender, um das Gemeinwohl und insbesondere um seine Kinder besorgter Mensch wird natürlich haushaltend und vernünftig mit dem für seine Kinder vorgesehenen Geld umgehen. Etwas anderes darf ja auch nicht annähernd gedacht, geschweige denn in der Öffentlichkeit publiziert werden.

Stattdessen wird der zur Person erhobene politische und gesellschaftliche Apparat legislativer wie exekutiver Kräfte angegriffen, der ja ohnehin jeglichen Bezug zur angeblichen Basis verloren hat. Alles eine Frage des Menschenbildes, oder?

Eine nicht weniger bemerkenswerte Entwicklung in unserer offenen, sich pluralistisch und dynamisch verstehenden Gesellschaft ist, dass Menschen diese sich daraus ergebende Orientierungs- und Verhaltensunsicherheit nicht mit permanenter Reflexion über fundierte moralisch und ethisch nachvollziehbare Wert- und Sinnüberzeugungen ausgestalten können. Demzufolge tendieren sie interessanterweise eher zu einfachen und eindeutigen Antworten im Zusammenhang mit komplizierten und diskursiven politischen, weltanschaulichen, ethischen und moralischen

Fragen.

Der Zulauf zu Aktionsgruppen und Bündnissen mit einfachen Antworten auf diese komplexen Herausforderungen ist mehr als deutlich erkennbar. Hierzu braucht man nur die aktuellen Nachrichten über diverse Aktions-, Demonstrations- und Protestgruppen zu verfolgen.

Immerhin erkennt man bei diesen Gruppen die Fähigkeit zur quantitativen Mobilisierung von Menschen, selbst wenn die Qualität um einiges auf der Strecke bleibt. Theodor W. Adorno würde hier von äußerst gefährlicher Halbbildung sprechen, die im günstigsten Fall in einem kollektiven Narzissmus endet. An sich müsste man normalerweise von Unbildung sprechen, aber die fachliche Beschreibung von Adorno erfüllt durchaus ihren Zweck.

Doch aufgepasst: Eine sich auf Bildung verpflichtende Gesellschaft darf sich schlichtweg nicht erlauben, eine derartige Relativität an Gesinnungsüberzeugungen einfach unkommentiert hinzunehmen und stehen zu lassen. Schließlich kann es keiner ernsthaft wollen, dass eine Gesellschaft einen modifizierten Rückschritt zu einer modern und opportun empfundenen Inquisition der Ökolobbyisten, Aktionsbündnisse und Initiativgruppen legalisiert.

2. Tugenden und Menschenbilder

Nicht weniger häufig wird von den sogenannten Tugenden gesprochen. Sowohl die sieben christlichen Primärtugenden wie Weisheit, Gerechtigkeit, Tapferkeit, Mäßigung, Glaube, Hoffnung, Liebe als auch die Sekundärtugenden Fleiß, Treue, Gehorsam, Disziplin, Pflichtbewusstsein, Pünktlichkeit, Zuverlässigkeit, Ordnungsliebe, Höflichkeit und Sauberkeit spielen für nicht wenige Menschen und insbesondere in etlichen Berufen eine immer noch wichtige Rolle.

Kaum jemand wird bestreiten wollen, dass Tugenden für das zwischenmenschliche Zusammenleben nicht brauchbar, hilfreich und teilweise auch erwünscht sind. Diese Tugenden im zwischenmenschlichen Zusammenleben und in der Erziehung eines Menschen einzufordern oder vielleicht sogar zu fördern, ist eine andere Sache.

Was kann man in aller Regel beispielsweise bei einem Einbruch oder Überfall feststellen: Sorgsam geplante Tat, pünktlich am richtigen Ort, seinen „Kollegen" gegenüber pflichtbewusst in Bezug auf die abgesprochene „Arbeitsverteilung" und vor allem ordnungsliebende Ausführung der Tat, um keine verwertbaren Spuren zu hinterlassen! Eine tugendhafte Ausführung der Straftat!

Zu Recht werden hier nicht wenige sagen, dass dieses Verständnis von Tugenden nicht unbedingt erwünscht ist. Oder wer wird sich schon tugendhaft bei den Einbrechern bedanken, die mit äußerster Akribie und Tugendhaftigkeit die eigene Wohnung ausgeräumt haben.

Ganz ohne Zweifel wird man mit Tugenden stets eine Wertauffassung verbinden wollen, die sich mit den jeweils angewendeten Tugenden in Verbindung bringen lassen können. Natürlich haben wir eine ganze Palette von Gesetzen, die diese Werte unserer Gesellschaft repräsentieren, vom Bürgerlichen Gesetzbuch bis hin zu den Strafgesetzen. Nur wenn die nicht eingehalten werden, helfen schriftlich fixierte Werte wenig. Vielmehr sollte ein gewisses Selbstverständnis bei den Menschen zugrunde gelegt werden können, diese Werte auch mit einer selbstverpflichtenden inneren Grundhaltung zu praktizieren.

So kann man mit einer gewissen Selbstverständlichkeit feststellen, dass statt mit den erlaubten 50 km/h durch die Ortschaft zu fahren, eine Selbstabsolution zur Rechtfertigung der auf dem Tacho ablesbaren 60 km/h für durchaus zeitgemäß gehalten wird.

> Handle stets so, dass du auch damit einverstanden sein kannst, wenn andere sich generell ebenso verhalten – also, wenn man selbst betrügt, ist man damit einverstanden, dass andere Menschen dich auch betrügen dürfen.
>
> Mit Kant gesprochen: „Handle nur nach der Maxime, durch die du zugleich wollen kannst, dass sie ein allgemeines Gesetz werde."

Im Übrigen werden einige Verkehrsschilder nicht selten situativ dem persönlichen Interpretationsvermögen anheimgestellt, wie beispielsweise so manche Halteverbots- und Durchfahrtsverbotsschilder.

Eine wegen Baufälligkeit nur noch mit max. 20 km/h befahrbare Brücke wird auch nicht stabiler, nur weil manche Hobby-Rennfahrer meinen, nachts mit 100 km/h drüberfahren zu müssen. Das gleiche Prinzip wird beim ebenso selbstverständlichen Thema „Notlügen" und beim Kapitel „Ausreden" angewendet. Getreu der allseits bekannten Maxime: Man darf alles, nur erwischen lassen darf man sich nicht!

Der kategorische Imperativ scheint schon längere Zeit in der Versenkung verschwunden zu sein. Statt Individualismus haben Egoismus und Narzissmus federführend das Zepter übernommen.

Ohne ethisch-moralische Bildung und ohne fundierte Auseinandersetzung mit den eigenen Werten und Grundüberzeugungen für das eigene Denken und Handeln bleiben Gesetze nur der Relativität des geschriebenen Wortes anheim gegebenes unverbindliches Beiwerk.

Für die Erziehung heißt die Umsetzung dieser Bildung ganz einfach „Werteerziehung". Zunehmend schwieriger wird es jedoch, diese Werteerziehung in einer plural angelegten, offenen und multikulturellen Gesellschaft zu übersetzen. Erst recht, wenn das wie auch immer definierte pädagogische Menschenbild sehr inflationär gebraucht und in keiner Weise bewusst und reflexiv bestimmt worden ist.

Dann werden naturgemäß Bemerkungen laut wie „das muss jeder selber wissen", „Pünktlichkeit, Zuverlässigkeit und Sorgfalt ist ja nicht alles" und „man kann ja nicht alles wissen", was so manchen dazu ermächtigt seine Bildungsabstinenz zu legitimieren.

Die Arbeitgeber und Wirtschaftsverbände formulieren das folgendermaßen:

> Bei Beginn einer Ausbildung sollte das mit dem jeweiligen Abschluss dokumentierte Grundwissen in Mathematik, Naturwissenschaften und Sprache fundiert und abrufbar vorhanden sein. Zudem wird großer Wert auf das Sozialverhalten gelegt. Aber ebenso darauf, dass außer Flexibilität, Gewissenhaftigkeit, Belastbarkeit, Kritikfähigkeit und altbekannten Schlüsselqualifikationen auch sogenannte Tugenden vorhanden sind. Und so viel dürfte an dieser Stelle klar sein: „Über Grundwerte und persönliche Einstellungen kann man nicht erst in der Ausbildung nachdenken!"

Aber wer bitte schön macht sich noch die Mühe, die eigenen Werte historisch, ideengeschichtlich und auf einer kritisch-konstruktiven Metaebene zu reflektieren und zu analysieren. Das wäre normalerweise das Verantwortungsbewusstsein, das man spätestens voraussetzen sollte, wenn man Kinder auf dem Weg zum Erwachsenwerden begleiten möchte!
Und da helfen die eben besagten Sprüche wie „muss jeder selber wissen" oder „das kann man auch anders sehen" nicht viel weiter. Derartige Phra-

sen zeugen lediglich von einem unzureichend verstandenen Toleranz- und Bildungsbegriff, der bei solchen Formulierungen ohnehin eher Gleichgültigkeit und Interessenlosigkeit als ernsthaften Disput um das Thema dokumentiert. Ganz zu schweigen davon, dass bei einer solchen Haltung kaum die eigene Lebensphilosophie und Glaubensüberzeugung einer inhaltlich fundierten Auseinandersetzung standhalten würde.

Man wird es drehen und wenden können, wie man will, auch Eltern, Pädagogen und insbesondere Politiker kommen nicht um die Beantwortung der Frage des eigenen Menschenbildes herum. Die Parteien haben in ihren Parteiprogrammen Leitbilder in Form eines konstruierten Menschenbildes niedergeschrieben, um, wie sollte es anders sein, diese Bilder für ihre Politik normierend für die Gesellschaft in Anspruch nehmen zu können. Und da liegt es auf der Hand, dass bildungspolitische Entscheidungen immer auch parteipolitische Entscheidungen in Bezug auf das jeweils latent einfließende Menschenbild sind. Dieses ist zweifellos an praktischen Entscheidungen direkt oder indirekt erkennbar.

Das macht es für den Praktiker in Bildungseinrichtungen in der Tat nicht einfacher, **da pädagogische Arbeit von Grundüberzeugungen, Authentizität, persönlichem Bildungsanspruch und letztlich auch von einem eigenen Menschenbild geprägt ist.**
Jeder Kampf mittels Gesetzen, Verordnungen und Erlassen, dagegen anzugehen, wird mehr Schaden als Nutzen bringen.

Eine **pädagogisch** zu verantwortende **Beziehung** lässt sich nicht mithilfe von Strukturen und verordneten Programmen anordnen, und schon gar nicht mittels aufoktroyiertem Menschenbild installieren. Sie stellt die Basis jeglicher Bildungsprozesse dar. Bildungsniveau und Reflexionsfähigkeit bilden das Grundfundament einer qualifizierten pädagogischen Begleitung. Diese gilt es, bewusst zu schärfen und zu optimieren.

Dass diese Tatsache bei den Parteien schon angekommen ist, belegen Äußerungen wie „man muss die Menschen von unseren Absichten überzeugen". Leider wird sich diese Überzeugungsarbeit nur an der jeweiligen Parteiideologie festmachen, anstatt eine diskursive Auseinandersetzung unter Bildungsbürgern zu initiieren. Die Spannung zwischen Individualismus und Sozietät des Menschen in der Gesellschaft wird diese Überzeugungsarbeit jedoch auch nicht auflösen können.

Das Menschsein ist geprägt vom Vermögen und Unvermögen des Menschen und den sich daraus ergebenden Konsequenzen. Erfolge zu erzielen schließt gleichzeitig auch ein Scheitern mit ein.
Kompetenzen implizieren ein Gefälle zwischen demjenigen, der diese hat, und demjenigen, der sie eben nicht hat. Selbst die Relativität der Bildung schließt nicht aus, dass jeder Mensch die Verpflichtung und das Recht hat, sich immer wieder erneut mit einem höheren Bildungslevel auszustatten.

Es gibt aber auch Menschen, die es schlichtweg nicht schaffen, über einen bestimmten Bildungsgrad hinaus zu kommen. Auch das ist Realität. Eine bildungspolitische Gleichmacherei ist hier genauso fehl am Platz, wie das Verwehren von Möglichkeiten, wenn sich Menschen bilden wollen. Aber das bleibt alles nur eine Frage des Menschenbildes, nicht wahr?

Literaturverzeichnis (Auswahl)

Ahnert, Lieselotte; Gapper Maike (2008): Entwicklungsbegleitung in gemeinsamer Erziehungsverantwortung. In: Jörg Maywald, Bernhard Schön und Lieselotte Ahnert (Hg.): Krippen: wie frühe Betreuung gelingt. Fundierter Rat zu einem umstrittenen Thema; [mit Checkliste: wie finde ich eine gute Krippe?]. 1. Aufl. Weinheim: Beltz

Ahnert, Liselotte (2007): Von der Mutter-Kind-Bindung zur Erzieherin-Kind-Beziehung. In: Fabienne Becker-Stoll und Martin R. Textor (Hg.): Die Erzieherin-Kind-Beziehung. Zentrum von Bildung und Erziehung. 1. Aufl. Berlin: Cornelsen Scriptor

Becker-Stoll, Fabienne; Textor, Martin R. (Hg.) (2007): Die Erzieherin-Kind-Beziehung. Zentrum von Bildung und Erziehung. 1. Aufl. Berlin: Cornelsen Scriptor

Birger, Menke: Einwandererkinder haben mehr Spaß am Lernen. Online verfügbar unter http://www.spiegel.de/schulspiegel/wissen/0,1518,druck-729359,00.html

Brodersen Kai (2007): Die sieben Weltwunder. Legendäre Kunst- und Bauwerke der Antike. 7.durchges. Aufl. München: C.H.Beck; Beck (Wissen, 2029)

Coles, Robert (1998): Moralische Intelligenz oder Kinder brauchen Werte. 1. Aufl. Berlin: Rowohlt Berlin

Chua, Amy (2011): Die Mutter des Erfolgs: Wie ich meinen Kindern das

Siegen beibrachte: Nagel & Kimche

Collin, Finn (2008): Konstruktivismus für Einsteiger. Paderborn: Fink (UTB Philosophie, Soziologie, 2977)

Derschau, Dietrich von; Ledig, Michael; Dittrich, Jochen (2000): Erzieher/Erzieherin. 8. Aufl., Sachstand von Januar 2000. Bielefeld: Bertelsmann (Blätter zur Berufskunde2, IV A 20)

Dirx, Ruth (1981): Das Kind, das unbekannte Wesen. Geschichte, Soziologie, Pädagogik. Nachdr. d. Ausg.1964. Gelnhausen: Burckhardtshaus-Verl.

Doerry, Martin, Thimm Katja (2006): Disziplin ist das Tor zum Glück. Spiegel Online. Online verfügbar unter: http://www.spiegel.de/spiegel/0,1518,436592,00.html

Dohmen, Dieter, Erbes Annegret Fuchs Kathrin Günzel Juliane (2008): Was wissen wir über Nachhilfe? – Sachstand und Auswertung der Forschungsliteratur zu Angebot, Nachfrage und Wirkung. Berlin: Bundesministerium für Bildung und Forschung

Durmaz, Betül (2009): Döner, Machos und Migranten: Mein zartbitteres Lehrerleben. Orig.-Ausg. Freiburg: Herder (Herder Spektrum Premiere, 3011)

Ellermann, Walter (Hg.) (2007): Organisation und Sozialmanagement. Für Erzieherinnen und Erzieher. 1. Aufl. Berlin/Düsseldorf/Mannheim: Cornelsen Scriptor.

Feldrapp, Margita, Das Ende der Kuschelpädagogik, Welt.de –
http://www.welt.de/politik/article1612830/Das_Ende_der_Kuschelpaedagogik.html

Gerhardt, Volker (op. 2007): Partizipation. München: C.H. Beck

Giesecke, Hermann (1998): Pädagogische Illusionen. Lehren aus 30
Jahren Bildungspolitik. Stuttgart: Klett-Cotta.

Graf, Friedrich Wilhelm (2009): Missbrauchte Götter. Zum Menschen-
bilderstreit in der Moderne. München: Beck (Reden über den Humanis-
mus)

Heisig, Kirsten (2010): Das Ende der Geduld: Konsequent gegen jugendliche Gewalttäter, Freiburg: Herder

Kalicki, Bernhard: Lernen und Lernunterstützung in der frühen Kindheit.
In: Unsere Jugend, 62 (2010) 5, 194-206

Klemm, Klaus (2009): Klassenwiederholungen – teuer und unwirksam.
Eine Studie zu den Ausgaben für Klassenwiederholungen in Deutschland.
Gütersloh: Bertelsmann Stiftung

März, Fritz (1998): Personengeschichte der Pädagogik. Ideen – Initiativen
– Illusionen. Bad Heilbrunn: Klinkhardt

Meixner, Johanna (1997): Konstruktivismus und die Vermittlung produkti-
ven Wissens. Neuwied/Berlin: Lucherhand

Plenarsitzungsprotokoll 14/44. Aktuelle Stunde. Landtag Nordrhein-Westfalen, 14. Wahlperiode (2006), 16.11.2006

1 / 4

Prange, Christiane (2002): Organisationales Lernen und Wissensmanagement. Fallbeispiele aus der Unternehmenspraxis. 1. Aufl. Wiesbaden: Gabler

Reichhardt, Hans; Reichardt, Hans; Klaucke, Peter; Kliemt, Frank (2008): Die sieben Weltwunder, Was ist was, Band 81

Saad, Fadi (2008): Der große Bruder von Neukölln: Ich war einer von ihnen – vom Gang-Mitglied zum Streetworker. Orig.-Ausg. Freiburg im Breisgau: Herder (Premiere, 3000)

Seitz, Marielle; Hallwachs, Ursula; Pilger-Feiler, Christa (1996): Montessori oder Waldorf? Ein Orientierungsbuch für Eltern und Pädagogen. München: Kösel

Sorg, Eugen (2011): Die Lust am Bösen: Warum Gewalt nicht heilbar ist, München: Nagel & Kimke

Thiesen, Peter (2004): Arbeitsbuch Spiel. Für die Praxis in Kindergarten, Hort, Heim und Kindergruppe ; [CD-ROM im Buch mit weiteren Ideen für Spiele!]. 5. Aufl. Troisdorf: Bildungsverl. EINS – Stam

Wanner, Walter (1984): Signale aus der Tiefe. Tiefenpsychologie und Glaube; Einführung und Auseinandersetzung; zum Selbststudium für die Erwachsenenbildung für Seelsorge und Unterricht. 3. Aufl. Giessen: Brunnen-Verl. (ABC-Team, 3206)

Weber, Erich (1995): Pädagogische Anthropologie. Phylogenetische (bio- und kulturevolutionäre) Voraussetzungen der Erziehung. 8., völlig neu bearb. und stark erw. Aufl., Neuausg. Donauwörth: Auer

Weber, Erich (1996): Pädagogik. 8., völlig neu bearb. und stark erw. Aufl., Donauwörth: Auer

Weber, Erich; Domke, Horst (1999): Pädagogik. Eine Einführung. Neuausg., 8., völlig neu bearb. und stark erw. Donauwörth: Auer

Winterhoff, Michael (2010): Warum unsere Kinder Tyrannen werden oder: die Abschaffung der Kindheit. Vollst. Taschenbuchausg., 9. Aufl. München: Goldmann

Bildverzeichnisse

Titelbild gemäß der Lizenzbestimmungen aus: www.CanStockPhoto.com
"Der Nürnberger Trichter" ist gemeinfrei, aus: www.wikipedia.org, 30.05.2009
"Die Schule" ist lizenzfrei, aus: www.bilderkiste.de, 20.05.2009
"Max und Moritz" ist gemeinfrei, bekannt aus dem gleichnamigen Werk von Wilhelm Busch, www.wikipedia.org, 24.01.2010

www.trediton.de

Über tredition

Der tredition Verlag wurde 2006 in Hamburg gegründet. Seitdem hat tredition Hunderte von Büchern veröffentlicht. Autoren können in wenigen leichten Schritten print-Books, e-Books und audio-Books publizieren. Der Verlag hat das Ziel, die beste und fairste Veröffentlichungsmöglichkeit für Autoren zu bieten.

tredition wurde mit der Erkenntnis gegründet, dass nur etwa jedes 200. bei Verlagen eingereichte Manuskript veröffentlicht wird. Dabei hat jedes Buch seinen Markt, also seine Leser. tredition sorgt dafür, dass für jedes Buch die Leserschaft auch erreicht wird

Autoren können das einzigartige Literatur-Netzwerk von tredition nut-zen. Hier bieten zahlreiche Literatur-Partner (das sind Lektoren, Übersetzer, Hörbuchsprecher und Illustratoren) ihre Dienstleistung an, um Manuskripte zu verbessern oder die Vielfalt zu erhöhen. Autoren vereinbaren unabhängig von tredition mit Literatur-Partnern die Konditionen ihrer Zusammenarbeit und können gemeinsam am Erfolg des Buches partizipieren.

Das gesamte Verlagsprogramm von tredition ist bei allen stationären Buchhandlungen und Online-Buchhändlern wie z. B. Amazon erhältlich. e Books stehen bei den führenden Online-Portalen (z. B. iBook-Store von Apple) zum Verkauf.

Seit 2009 bietet tredition sein Verlagskonzept auch als sogenanntes "White-Label" an. Das bedeutet, dass andere Personen oder Institutionen risikofrei und unkompliziert selbst zum Herausgeber von Büchern und Buchreihen unter eigener Marke werden können.

Mittlerweile zählen zahlreiche renommierte Unternehmen, Zeitschriften-, Zeitungs-

und Buchverlage, Universitäten, Forschungseinrichtungen, Unternehmensberatungen zu den Kunden von tredition. Unter www.tredition-corporate.de bietet tredition vielfältige weitere Verlagsleistungen speziell für Geschäftskunden an.

tredition wurde mit mehreren Innovationspreisen ausgezeichnet, u. a. Webfuture Award und Innovationspreis der Buch-Digitale.

tredition ist Mitglied im Börsenverein des Deutschen Buchhandels.

Zeitfracht Medien GmbH
Ferdinand-Jühlke-Straße 7
99095 Erfurt, Deutschland
produktsicherheit@kolibri360.de